인간의 길

인간의 길

나를
바로세우는
사마천의
문장들

김영수
지음

정제와 압축의 미학
● 인간의 길을 통찰하다

사마천은 전국시대 초나라의 시인이자 정치가, 외교관이었던 굴원이 망해가는 조국의 비극을 차마 볼 수 없어 멱라수에 몸을 던지는 장면을 '회석수자침멱라이사(懷石遂自沈汨羅以死)'라고 묘사했다. 보통 '회석자침(懷石自沈)'으로 줄여서 말한다. '돌을 가슴에 품고 마침내 멱라수에 스스로 가라앉아 죽었다'는 의미이다. 품을 '회(懷)'와 스스로 '자(自)' 자가 이 장면을 더욱 극적으로 만든다. 돌을 자신의 몸에 품고(사실은 묶고) 멱라수로 서서히 걸어 들어가 가라앉음으로써 생을 마감한 것이다.

굴원이 가슴에 품은 것은 돌이었지만, 거기에는 온갖 착잡한 심경이 돌보다 훨씬 무겁게 압축되어 있었을 것이다. 그러니 어찌 풍덩 뛰어들 수 있었겠는가? 가라앉은 것이 맞다. 그것도 서서히. 이 지점에서 자의와 타의의 경계가 분명해진다. 그의 자결은 자포자기가 아닌 강렬한 저항이었다. 그것이 굴원의 삶(죽음)에 대한 표현방식이었다.

《사기》 52만 6,500자는 어쩌면 '어떻게 살 것인가'와 '어떻게 죽을 것인가'에 대한 물음과 답이라 할 수 있다. 즉, '인간이 걸어가야 할 길'에 대한 치열한 문제의식을 역사를 통해 검증하고 확인한다.

따라서《사기》에 담긴 문장과 내용은 고상한 도덕적 잠언이나 사탕 발린 당의정이 아니다. 부드럽지도 고리타분하지도 달콤하지도 편하지도 않다.《사기》의 언어들은 때로 냉혹하기 그지없다. 차갑고 서늘하고 무섭고 무겁다.

하지만 한 글자, 한 글자마다 인간에 대한 깊은 신뢰와 애정이 깔려 있다. 자신을 반성하고 세상과 인간의 본질을 통찰하게 함으로써 착한 사람, 착한 세상으로 우리를 이끈다. 서늘한 이성과 따뜻한 감성을 겸비한 인간으로 진화하고 거듭날 수 있게 매 순간 우리를 자극한다.

이 책은《사기》를 공부하면서 틈틈이 메모해둔 고사성어와 명언들에 대한 나의 단상(短想)이자 단상(斷想)들을 모은 것이다.《인간의 길》이란 큰 주제 밑에 '어떻게 살아갈 것인가', '세상을 어떻

게 바라볼 것인가', '나를 어떻게 드러낼 것인가', '사람들 속에서
어떻게 행동할 것인가'의 네 가지 소주제로 분류된다.

최근 미국과 유럽 등 서구 문화권에서 중국어를 배우려는 열
기가 뜨겁다. 또한 정치인들은 중국인 특유의 고사성어를 배우
려는 진지한 학구열을 보여주고 있다. 여기서 나는 중국 문화
와 중국인의 심리에 대해 새삼 숙고하게 되었다. 흥미로운 고사
(story)와 다양한 비유를 내포한 정제된 성어(idiom)는 중국인의
심리상태를 가장 적절하게 반영하는 하나의 문화 코드라고 할
수 있겠다. 따라서 함축적이고 압축된 언어와 생동감 넘치는 스
토리텔링을 공부하다 보면 중국인의 사유와 기질을 파악하기
위한 공구가 저절로 갖추어진다.

《사기》에 등장하는 고사성어와 명언들은 단연 발군이며, 타의
추종을 불허하는 심도를 갖추고 있다. 또 글자만 알아서는 결코
이해할 수 없는 복합적인 사유구조까지 가늠해볼 수 있다. 이것
이야말로 '정제와 압축의 미학'이 아닐 수 없다.

《사기》 전체를 관통하고 있는 '인간의 본질'과 '어떻게 살 것인
가'에 대한 고뇌는 우리의 사유를 한 차원 더 끌어올린다.

이 책은 말이나 글을 보태기보다는 생각을 보태려고 애쓴 결
과물이다. 생각을 제대로 보태려면 말이 달라져야 한다는 사실

을 나는 다시 한 번 깨달았다. 말이 달라지면 생각의 길이 달라
진다. 중국인들은 이 '생각의 길'을 '사로(思路)'라고 한다.

　생각의 길이 달라지면 내가 달라지고, 내가 달라지면 인간관
계의 길이 달라지고, 인간관계의 길이 달라지면 세상을 보는 눈
이 달라지고, 나아가 인생의 길이 달라질 수 있다. 그러려면 글
도 말도 생각도 익어야 한다. 또한 시간과 적절한 공간이 필요하
다. 그런 점에서 이 책이 독자들에게《인간의 길》이라는 크고 무
겁지만 마주할 수밖에 없는 주제에 대해 진지한 사유의 공간을
마련해줄 것이라 생각한다.

　이 책은 2013년 출간된《나를 세우는 옛 문장들》의 개정판이
다. 창해출판사의 복간 제안을 받고 전체 서문과 각 단락의 머
리말을 비롯해 내용 일부와 자구를 손보는 한편, 새로운 콘셉트
에 맞게 원고를 발췌, 재배치했다. 그간의 사정을 밝혀 독자들
의 양해를 구한다.

2018년 5월 23일 고 노무현 대통령 9주기에

김영수

2장

세상을 어떻게
바라볼 것인가

3장
나를 어떻게 드러낼 것인가

4장
사람들 속에서 어떻게 행동할 것인가

1장
어떻게
살아갈 것인가

唯我獨淸
各從其志 勿爲牛後
揭竿而起 擧世混濁
恨相知晚 寡廉鮮恥
睚眦必報 管鮑之交
杯盤狼藉 苟合取容
避世朝廷之 曲學阿世
坐不垂堂 退避三舍
堅忍質直

唯我獨淸
各從其志勿爲牛後
揭竿而起 擧世混濁
恨相知晚 寡廉鮮恥
恨相知晚 管鮑之交
杯盤狼藉 苟合取容
避世朝廷 之曲學阿世
오거서 退避三舍
學富五車

사마천은 기원전 145년에 태어났다. 2021년을 기점으로 따져보면 2,166년 전이다. 까마득하게 오래전 사람이다. 그가 태어난 해는 분명한 편인데 죽은 해는 확실하지 않다. 어떻게 죽었는지 명확치 않다는 말이다. 그의 사망에 대해 자연사, 자살, 행방불명, 처형 등 다양한 주장들이 존재한다.

그런데 고향 마을(섬서성 한성시 서촌)에 남은 사마천의 후손들은 사마천이 처형당했다고 믿고 있다. 《사기》를 완성한 다음 다시 불미스러운 필화(筆禍) 사건에 연루되어 결국 처형당했다는 것이다. 하지만 이는 학계에서 크게 인정받지 못하는 소수의 견해일 뿐이다. 나 또한 처형설에 그다지 마음을 두지 않았다. 그런데 《사기》 완역 작업을 위해 원문을 꼼꼼히 뜯어보다 문득 사마천이 처형을 자청하지 않았나 하는 생각이 들었다.

사마천은 궁형을 당한 후 친구 임안에게 보낸 편지에서 자신의 심경을 격정적으로 술회했다. 울분, 회한, 분노, 치욕, 자부심, 영예 등 인간 사마천의 온갖 감정이 응축되어 있는데, 이 모든 감정의 바닥에 흐르는 기조가 원한과 복수였다. 그 편지에서 사마천은 자신의 생사관을 이렇게 밝히고 있다.

제가 법에 굴복하여 죽임을 당한다 해도 아홉 마리 소에서 털 오라기 하나 없어지는 것과 같고, 땅강아지나 개미 같은 미물과도 하등 다를 것이 없습니다. 게다가 세상은 절개를 위해 죽은 사람처럼 취급하기는커녕 죄가 너무 커서 어쩔 수 없이 죽었다고 여길 것입니다. 왜 그렇겠습니까? 평소에 제가 해놓은 것이 그렇게 만들기 때문입니다.

사람은 누구나 한 번 죽지만 어떤 죽음은 태산보다 무겁고 어떤 죽음은 새털보다 가볍습니다. 이는 죽음을 사용하는 방향이 다르기 때문입니다.

바로 여기서 구우일모(九牛一毛)와 인고유일사(人固有一死), 혹중우태산(或重于泰山), 혹경우홍모(或輕于鴻毛), 용지소추이야(用之所趣異也)라는 천하의 명언이 탄생했다. '죽음을 사용하는 방향이 다르기 때문이다'라는 마지막 대목이 특히 폐부를 찌른다. 죽음을 사용하는 방향이 결국은 죽음과 삶의 질을 결정한다는 의미이다.

알려졌다시피 사마천은 바른 말을 하다 궁형을 당했다. 더군다나 살아남기 위해 그가 자청한 일이다. 죽음보다 치욕스럽다는 궁형을 자청한 사마천의 심경을 어찌 다 헤아릴 수 있겠는가마는, 그의 결정과 선택이 얼마나 위대한 것이었는지는 《사기》를 통해 충분히 입증되고도 남음이 있다.

궁형을 자청하기 전 사마천은 사형수 신분이었다. 젊은 장수 이릉이 적국인 흉노의 군대에서 군사 훈련을 시키고 있다는 소문을 그대로 믿은 무제는 이릉의 가족을 몰살시키고 그를 옹호한 사마천을 감옥에 가둔다. 반역자를 편든 사마천 또한 반역자이며, 반역의 죗값은 당연히 사형이었다. 훗날 이릉에 대한 소문이 거짓으로 밝혀졌지만 이미 상황은 종료된 뒤였다. 사마천은 궁형을 자청함으로써 죽음을 면하고 《사기》를 완성했다.

그는 대업을 완성한 뒤 지나온 모든 것을 다시 생각했다. 울분과 원한을 인간에 대한 긍정과 애정으로 승화시켜 《사기》를 완성했지만, 무제와의 관계만큼은 정리가 되지 않았을 터이다. 따라서 그는 다시 한 번 선택해야 했다. 어쩌면 자기 자신을 희생함으로써 자존심을 회복하려 했을 것이다. 그래서 무제를 도발하고, 다시 사형을 선고받음으로써 온전한 몸으로 승천했을 것이다.

결국 그는 《사기》를 통해 영생을 얻었다. 인간 사마천의 마지막 복수가 아니었을까.

사마천은 죽음이 삶을 결정한다고 했다. 단, 죽음을 이용하는 방

인간의 길

향과 방법에 대한 진지한 고뇌가 있어야 삶의 질을 담보할 수 있다고 말한다.

생각 많고 고민 많은 인생을 우리는 어떻게 살아가야 할까. 사마천의 생사를 염두에 두고 이 책을 읽다 보면 생각이 어느 정도 정리될지도 모른다. 수많은 생각들이 제대로 길을 찾아 모두의 삶 속에 고스란히 녹아들기를 희망해본다.

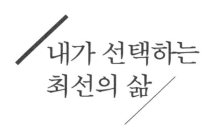

내가 선택하는
최선의 삶

세상은 온통 흐린데 나만 홀로 맑고

擧世混濁 唯我獨淸
거 세 혼 탁 유 아 독 청

세상이 거침없이 변하고 있다. 하지만 모난 돌은 여전히 정을 맞는다. 개성을 중시하고 남과 다른 생각을 해야 살아남는다고 하지만, 현실은 그 개성과 다름을 제대로 소화하지 못하고 있다. 역사적으로 소신을 지키며 옳은 길을 걸으려 한 사람들도 마찬가지로 냉대를 받았다. 옳은 길은 한 번도 편한 적이 없었다. 그래도 그런 사람들 덕분에 세상이 조금씩 나아지고 있는 것이리라.

《사기》에는 꼬장꼬장하게 소신을 지키며 살다간 인물이 적지 않게 등장한다. 사마천이 가장 애정을 보인 유형이 바로 지조를 지키다 박해를 당한 비극적인 인물이다. 사마천 자신이 당사자였기 때문일 것이다.

전국시대 초나라의 애국시인 굴원 또한 자신의 소신을 지키다 비극적으로 삶을 마감했다. 전국시대 말기는 천하가 소용돌이치던 격변의 시기였다. 굴원의 조국 초나라는 타국과의 경쟁에서 계속 뒤처지고 있었다. 무능한 통치자와 부패한 기득권 세력, 사악한 간신들이 권력을 좌우하다 보니 국력은 갈수록 쇠퇴하고 백성은 신음했다.

강직한 굴원은 나라와 백성을 위해 부패한 세력과 싸웠지만 역부족이었다. 결국 그는 근상을 비롯한 조정 간신들의 모함을 받아 조정에서 쫓겨났다. 오갈 데 없는 신세가 된 굴원은 멱라수에 이르러 한숨을 내쉬며 조국을 걱정했다. 그때 이름 모를 어부가 다가와 굴원에게 말을 걸었다.

어부 아니, 당신은 삼려대부가 아니시오? 헌데 어찌하여 여기까지 오셨소?

굴원 세상은 온통 흐린데 나만 홀로 맑고, 모두가 취했는데 나만 홀로 깨어 있어서, 이렇게 쫓겨난 것이라오.

어부 대저 성인은 어떤 대상이나 사물에 얽매이지 않고 세상과 더불어 밀고 밀리는 것이오. 온 세상이 혼탁하다면서 어찌 그 흐름에 따라 물결을 바꾸지 않고, 모든 사람이 취했다면서 어찌 술 찌꺼기를 먹고 모주(母酒)를 마시지 않는 것이오? 대체 무슨 까닭으로 아름다운 옥과 같은 재능을 가지고도 내쫓기는 신세가 되었단 말이오?

굴원 듣자하니 머리를 감은 사람은 갓에 앉은 먼지를 털어내고, 몸을 씻은 사람은 옷에 묻은 티끌을 떨어버린다 했소(신목자필탄관[新沐者必彈冠] 신욕자필진의[新浴者必振衣]). 깨끗한 사람이 때 끼고 더러워진 것을 묻히고 어떻게 견딜 수 있단 말이오? 차라리 장강에 몸을 던져 물고기 뱃속에서 장례를 지낼지언정 어찌 희고 깨끗한 몸으로 세상의 먼지를 뒤집어쓴단 말이오?

세상은 온통 흐린데 나만 홀로 맑고, 모두가 취했는데 나만 홀로 깨어 있다(거세혼탁[擧世混濁] 유아독청[唯我獨淸] 중인개취[衆人皆醉] 유아독성[唯我獨醒])는 명대사가 이 대화에서 나온다. 하지만 결벽에 가까운 굴원의 사고방식에 의문을 품는 사람이 많았다. 어부는 바로 그런 사람들을 대변한다.

어부의 말인즉, 물이 너무 맑으면 고기가 못 사는 법인데, 마음에 들지 않는다고 박차고 나오는 행위는 시세를 모르는 것 아니냐는 비아냥이다.

어부의 논리에 일리가 없는 것은 아니지만, 이는 시세를 따를 것이냐 깨끗하게 남을 것이냐의 양자택일이 아니라 정도의 문제이자 경계의 문제다. 어느 선에서 시세를 따르고, 어느 정도에서 발을 뺄 것이냐 하는 것이다. 지혜 없이는 판단이 불가능하고, 원칙 없이는 통제하기 어려운 경지다.

굴원이 혹시 이런 딜레마에 빠져 있었던 것은 아닐까? 그래서 차라리 자결을 택함으로써 더없이 강력하게 시대에 저항한 것 아닐까? 그것은 굴원의 마지노선이자 그가 선택할 수 있는 최선의 삶이었을지도 모른다.

외눈박이만 사는 나라에서는 두 눈을 가진 사람이 비정상인 취급을 당하고, 까마귀가 노는 곳에서는 백로가 따돌림을 당하듯, 흔히 선지자와 현자는 깨어있음으로 인해 숱한 오해와 박해를 받았다. 그렇지만 그들이 있었기에 세상은 곧고 휜 것을 구별하고 옳고 그름을 고민할 수 있었다.

굴원이 지은 《초사(楚辭)》〈어부사(漁父辭)〉에 나오는 거세개탁(擧世皆濁)은 2012년을 대변하는 사자성어로 선정되기도 했다. 이 성어는 우리 삶이 그토록 비루해졌는지, 내 모습은 어떤지 씁쓸한 심경으로 돌아보게 한다. 각자 삶의 마지노선을 정해야 하지 않을까 싶다.

——————— 권84
〈굴원가생열전〉

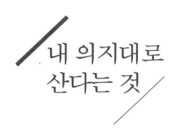

내 의지대로
산다는 것

각자 자신의 의지에 따라 행하다

各從其志
각 종 기 지

  사마천은 수많은 보통 사람의 특별한 삶을 담은 《사기》 열전의 첫 장을 고고한 '정신의 귀족' 백이와 숙제 형제의 이야기로 시작한다. 그들은 고죽이라는 작은 나라의 왕자였지만 서로 왕위를 양보하다 아예 나라를 버리고 숨어버린다.

  두 사람은 주나라의 서백 창이 노인을 공경한다는 말을 듣고 그를 찾아간다. 그런데 창은 이미 세상을 떠났고 그의 아들 무왕이 아버지 문왕의 위패를 앞세운 채 은나라를 정벌하려 하고 있었다. 이에 형제는 무왕의 말고삐를 붙들고 아버지의 장례도 치르지 않은 채 전쟁을 치르는 것은 불효이고, 신하된 몸으로 군주를 치는 것은 불충이라며 한사코 말렸다.

무왕이 끝내 말을 듣지 않자 두 사람은 불충한 주나라 땅에서 나는 곡식은 먹을 수 없다(불식주속[不食周粟])면서 수양산에 들어가 고사리를 뜯어 먹으며 살다 결국 굶어 죽었다.

백이와 숙제 형제에 대해 후세인들은 갑론을박을 벌였다. 혹자는 수양산의 고사리는 누구 땅에서 난 것이냐며 노골적으로 비아냥거렸다. 다른 한편에서는 '고결한 죽음이었다'는 칭찬부터 '무의미한 희생이었다'는 냉소, '어째서 현인은 이리 불행하게 살다 가야 하는가'라는 한탄에 이르기까지 많은 말을 쏟아 냈다.

사마천은 〈백이열전〉에서 그들 형제에 대한 공자의 평을 덧붙였다.

공자는 이렇게 말씀하셨다.

"도(道)가 같지 않으면 함께 일을 꾀하지 않는다."

이 말은 사람은 각자 자신의 의지에 따라 행한다는 뜻이다. 또 이렇게도 말씀하셨다.

"부귀란 놈이 구한다 해서 얻을 수 있는 것이라면 내 비록 남의 말채찍을 잡는 천한 일이라도 기꺼이 하겠다. 하지만 만약 구해도 얻을 수 없는 것이라면 차라리 내가 좋아하는 바에 따르겠다."

"날이 추워진 뒤에야 비로소 소나무와 잣나무가 늦게 시든다는 것을 안다(세한연후지송백지후조[歲寒然後知松栢之後凋])."

세상이 다 흐려졌을 때 비로소 깨끗하고 맑은 사람이 드러난다. 어째서 (세상은) 부귀한 사람을 그토록 중시하고, 깨끗하고 맑은 사람을 하찮게 여길까?

내 의지대로 산다는 것은 말은 쉬워도 실천하기란 여간 어렵지 않다. 하지만 인간에게는 그 무엇으로도 굴복시킬 수 없고, 그 어떤 힘으로도 빼앗을 수 없는 자유의지가 있다. 이것이 인간을 존엄한 존재로 남게 하며, 인간에게는 자기 의지에 따라 행동하고 살아갈 권리가 있다. 이를 인식한 사람이라면 세인의 공허한 평가에 초연하며 훗날 청사(靑史)에 어떤 사람으로 남을 것인가, 후손에게 부끄럽지 않은 모습으로 남으려면 어떻게 해야하는가를 걱정한다.

인생은 양자택일이 아니다. 수많은 선택과 그에 따른 결단이 우리 앞에 놓여 있다. 우리는 그중에서 하나 또는 여럿을 자기 의지대로 고르고, 그 선택에 책임을 지며 살아간다. 여기에서 중요한 것은 나약한 객관이 아니라 확고한 주관이다. 객관이라는 실체 없는 그늘에 숨으려 하지 말고 투명한 주관에 의지해 자신의 운명을 개척해 나가야 한다. 세속적 가치 판단이나 기준이 아닌 '인간의 자유의지'라는 근원적이고 초월적인 본능에 느낌표를 찍을 수는 없을까?

사마천이 백이와 숙제 이야기를 열전의 처음에 올린 까닭은, 어쩌면 백이와 숙제가 택한 죽음에 이르기까지의 삶의 과정에 방점을 찍었기 때문일지도 모른다.

————— 권61
〈백이열전〉

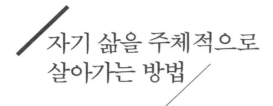

자기 삶을 주체적으로
살아가는 방법

장대를 높이 세워 깃대로 삼다

揭竿爲旗
게 간 위 기

죽창과 깃발 그리고 깃대는 농민봉기 혹은 민중봉기의 상징물이다. 비록 죽창으로 시작하지만 민중의 힘은 성난 파도보다 사납고 무섭다. 역대 위정자들은 이런 민중의 힘을 알면서도 얕보았다. '권력'의 저차원적 의미에만 빠져 본질을 외면한 무지와 오만 때문이다. 보다 근본적인 원인은 그들이 민중을 아끼지도 두려워하지도 않은 데 있었다. 민중에 대한 인식과 자세가 처음부터 잘못 잡혀 있었기 때문이다.

전국시대를 마감하고 최초로 천하를 통일한 진나라는 진시황

인간의 길

이 죽은 뒤 사방에서 들고 일어난 농민봉기로 단명했다. 바늘구멍이 댐을 무너뜨린 셈이다.

진이 망하고 한이 중국을 재통일했을 때 가의라는 젊은 사상가는 〈과진론(過秦論)〉이란 전문적인 논문을 써서 진이 망한 원인을 상세하게 분석했다. 계간위기는 바로 〈진시황본기〉에 인용된 〈과진론〉의 마지막 부분에 나온다.

그들은 나무를 베어 병기를 만들고 장대를 높이 세워 깃대로 삼았는데, 천하의 백성이 비바람같이 모여들어 호응하면서 봉기가 일어났다. 그들은 그림자가 형체를 따르듯 양식을 지고 봉기에 가담하였다. 효산과 함곡관 동쪽의 드넓은 지역에서 제후들이 동시에 벌떼처럼 일어나 마침내 진 왕실을 멸망시켰다.

진나라 말기 농민봉기의 선봉장은 진승이라는 평범한 사내였다. 가의는 〈과진론〉의 마지막 대목에서 "진승 한 사람이 난을 일으킴으로써 진나라의 일곱 종묘가 모조리 파괴되었다"고 하여 진승의 봉기가 진 멸망의 도화선이 되었음을 분명하게 밝혔다. 사마천도 그 중요성을 충분히 인식해 신분이 하찮은 진승을 제후급 인물들에 관한 기록인 '세가'에 파격적으로 편입시켰다.

사마천은 특히 진승이 봉기하기 전의 일화를 기록함으로써 그가 품은 큰 뜻을 암시했다. 젊은 날 머슴살이를 하던 진승은 주변 머슴들에게 "만약 부귀하게 되면 서로 잊지 맙시다"라고 말했다. 그러자 그들은 "머슴 주제에 부귀는 무슨 부귀냐"며 비웃었다. 진승은 "참새나 제비 같은 조무래기 새들이 기러기나 백조 같은 큰 새의 뜻을 어찌 알리오(연작안지홍곡지지[燕雀安知鴻鵠之志])"라고 응수했다.

그로부터 얼마 뒤인 기원전 210년, 진시황이 갑자기 세상을 떠나고 작은아들 호해가 황제 자리에 올랐다. 그리고 그 해에 하남지방 빈민들을 대거 징발해 북방 변경 경비에 투입하라는 조서가 떨어졌다.

징발된 사람은 모두 900명이었다. 진승도 그중 한 사람으로 북방을 향해 떠날 수밖에 없었다. 그런데 일행이 대택향에 이르렀을 때 갑자기 폭우가 쏟아져 더 이상 나아가기가 어려웠다. 기한 내에 목적지에 도착하기란 불가능해 보였다.

당시 진나라 법에 따르면, 정해진 기간 동안 목적지에 가지 못하면 참수형을 당했다. 진승은 친한 동료 오광과 은밀하게 상의하여 관리들을 죽이고, 마침내 타도 진나라의 깃발을 높이 치켜들었다. 그는 대중을 향해 다음과 같이 말했다.

"우리는 비 때문에 모두 기한을 어기게 되었다. 기한을 어기면 기다리는 것은 죽음뿐이다. 설사 죽지 않는다 해도 변경을 지키다 죽는 사람이 원래 열에 여섯, 일곱이 넘는다.

대장부가 기껏해야 죽지 않는 정도에 만족할 수 있는가? 어차 피 죽을 목숨이라면 세상에 큰 명성을 남겨야 하는 것 아닌가? 왕이나 제후, 장수와 재상의 씨가 어디 따로 있더란 말인가?(왕후장상영유종호[王侯將相寧有種乎])"

진승의 봉기는 실패로 돌아갔지만, 항우와 유방 등 진승의 봉기에 자극받아 전국 각지에서 일어난 세력이 마침내 거대한 제국 진을 쓰러뜨렸다. 지금으로부터 약 2,200년 전 한 농민의 입에서 터져나온 '왕·제후·장수·재상의 씨가 따로 있더란 말인가'라는 외침은 여전히 공감을 불러일으키며 안타까운 몸부림으로 다가온다.

기득권 세력은 체제와 법이 공평과 평등을 보장한다고 말하지만, 예나 지금이나 세상은 평등하지 않다. 기득권 세력의 관점으로 만든 체제와 법이 공평하고 평등할 리 있겠는가? 법이나 제도는 인간의 평등을 보장해주지 않는다.

민중의 진정한 힘은 '자각'에서 나온다. 물론 일시적인 분노도 필요하다. 하지만 무엇보다 상황을 직시하고 올바른 방향을 결정할 수 있는 역량을 길러야 한다. 그리고 일어나야 할 때라고 판단되면 박차고 일어나 세상을 향해 자기 목소리를 낼 줄 알아야 한다. 이것이 세상 속에서 자기 삶을 주체적으로 사는 길이다.

우리는 일어나야 할 때 떨치고 일어난 진승의 자각을 받아들여야 한다. 동시에 권력의 속성과 통치 자체의 모순을 직시하며 냉정하게 판단하고 행동해야 한다. 통치자나 권력을 향해 민중을 사랑하고 두려워하라고 외치기에 앞서 민중이 민중을 사랑하고 두려워할 줄 알아야 한다.

청나라 초기의 사상가이자 고증학의 선구자인 고염무는 천하의 흥망은 보통 사람들에게 책임이 있다(천하흥망[天下興亡] 필부유책[匹夫有責])고 외쳤다. 귀담아들어야 할 고언(苦言)이다.

———————— **권48**
〈진섭세가〉

나설 것이냐
물러날 것이냐

차라리 닭의 주둥이가 될지언정 소의 똥구멍은 되지 말라

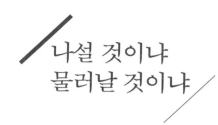

寧爲鷄口 勿爲牛後
영 위 계 구 물 위 우 후

기원전 770년부터 기원전 221년까지, 장장 550년에 걸친 중국 최대의 혼란기이자 황금기였던 춘추전국시대의 산물 가운데 특기할 만한 것이 '책략가'의 등장이다. 책략가는 다른 말로 모사, 책사라 불리며 '유세객'이란 특수한 용어로 부르기도 한다. 오늘날의 언어를 빌리자면 세계 정세에 정통한 전문 로비스트라 할 수 있다.

국경을 자유롭게 넘나들며 당시의 국제정세를 분석하고 평가한 이들은 자신을 인정해주는 군주에게 발탁되어 작게는 한 나

라, 많게는 5, 6개국의 외교 전권을 장악했다.

그중에서 가장 유명한 인물은 전국시대 후기 '합종(合縱)'이라는 6국 연합정책을 제시한 유세가 소진이다. 젊어서 신비한 은둔자 귀곡자에게 유세술 등을 배운 소진은 자신의 실력을 발휘하기 위해 하산했다. 그는 주나라, 진나라, 조나라, 연나라를 돌아다녔지만 뜻을 이루지 못하고 실의와 좌절의 나날을 보내야 했다.

그러나 소진은 천하 형세의 변화에 주목하며 불굴의 의지로 공부에 전념했다. 당시 소진의 특별한 공부법은 추자고(錐刺股) 두현량(頭懸樑)이란 유명한 고사성어로 남아 있다. 공부를 하다가 졸리거나 딴생각이 들면 송곳으로 허벅지를 찌르고, 대들보에 머리카락을 매달았다는 뜻이다.

각고의 노력 끝에 소진은 연나라 문후를 만나 합종이라는 정책 구상을 펼쳐 보일 수 있었다. 연나라 문후를 설득한 소진은 조, 한, 위, 제, 초를 방문해 6국의 동맹을 성사시키기에 이른다. 소진이 한나라 혜왕을 자극해 진나라를 섬기지 못하도록 설득하는 과정을 살펴보자.

"속담에 차라리 닭의 주둥이가 될지언정 소의 똥구멍은 되지 말라는 말이 있습니다. 지금 손을 마주잡고 신하가 되어 서쪽의 진을 섬긴다면 소의 똥구멍과 다를 것이 무엇입니까? 대왕처럼 현명한 군주에 강력한 군대까지 있으면서 소의 똥구멍 소리를 듣는다면, 오히려 신이 부끄러워 어찌할 바를 모르겠습니다."

이 속담에서 말하는 닭의 주둥이를 닭의 대가리로 보기도 하고, 소의 똥구멍을 소꼬리 또는 소의 엉덩이로 해석하기도 한다. 닭의 주둥이는 작기는 하지만 먹는 부위인 반면, 배설물을 내보내는 소의 똥구멍은 크기만 하고 먹는 부위가 아니기 때문에 이런 말이 나왔다는 해석이다.

《전국책(戰國策)》에는 "닭들을 거느리는 우두머리가 될지언정 소들의 뒤를 따르지는 말라(영위계시[寧爲鷄尸] 불위우종[不爲牛從])"로 표현되어 있다. 약간의 뉘앙스 차이는 있지만 둘 다 상대의 자존심을 긁는 모욕적이고 자극적인 언사임에 틀림없다. 요컨대 소의 똥구멍처럼 빌붙어 살기보다는 차라리 닭의 머리가 되어 주체적으로 자신의 삶을 이끌라는 다분히 선동적인 말이다.

결국 혜왕은 소진의 선동에 넘어가 "결코 진나라를 섬기지 않을 것이다"라고 소리치며 흥분을 감추지 못했다고 한다. 이는 혜왕이 자국의 힘은 고려치 않고 욱하는 감정을 앞세워 소진의 유세에 넘어간 꼴이었다.

이런 닭 주둥이는 아무도 주둥이로 봐주지 않는다. 한순간 닭의 주둥이가 되겠다고 우쭐거리다 망신을 당하기보다는 그 순간을 참고 소의 엉덩이로 자처하며 훗날을 위해 힘을 기르는 것이 낫다.

나설 것이냐, 물러날 것이냐는 자신에게 주어진 형세에 따라 결정해야 한다. 물론 부득이한 경우가 있지만 어쩔 수 없는 상황이 아니라면 무턱대고 닭의 주둥이가 되겠다고 나설 일이 아니다. 우리의 삶에는 자신의 빛을 감춘 채 보이지 않게 실력을 기르며 때를 기다리는 도광양회(韜光養晦)의 시기도 꼭 필요하기 때문이다.

──────── 권69
〈소진열전〉

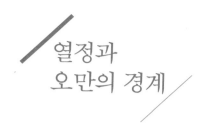

열정과
오만의 경계

솥을 들다가 정강이뼈가 부러지다

擧鼎絶臏
거 정 절 빈

인간의 수많은 행동 중에서 먹기 내기나 먹기자랑만큼 어리석은 것이 없다고 한다. 먹기 내기 못지않게 어리석은 행동이 또 있다면 그건 바로 힘자랑일 것이다. 무익한 일에 공력을 쏟고 그것을 자랑으로 여기니 참으로 못난 일이다.

《사기》에는 인간의 이러한 어리석음을 비꼬는 성어가 등장한다.

무왕이 힘이 세어 힘겨루기를 좋아했기 때문에 역사 임비, 오획, 맹열이 모두 높은 자리에 오를 수 있었다. 무왕이 맹열과 솥 들기 시합을 하다가 정강이뼈가 부러졌다. 8월, 무왕이 죽자 맹열은 멸족당하였다.

중국 서북방에 위치한 진나라의 27대 왕인 무왕은 감무와 '식양의 맹세'를 맺은 이로 유명하다. 먼저 그 고사를 소개한다.

당시 진나라 재상이던 감무는 무왕의 명에 따라 한나라를 공격하게 되었다. 미천한 출신인 감무가 재상이 되어 중책을 맡자 그를 시기하는 신하가 많이 생겨났다.

감무는 행여 시기하는 자들의 유언비어와 비방 때문에 무왕이 자신에 대한 신임을 거둘까 걱정되어 식양이란 곳에서 절대 의심하지 않겠다는 무왕의 맹세를 받아냈다. 이것이 식양지서(息壤之誓)라는 고사성어의 출전이다.

아니나 다를까 무왕은 그 뒤 주위의 모함에 마음이 흔들려 감무의 군권을 박탈하려 했다. 감무는 '식양의 맹세'를 환기시켰고, 무왕은 감무를 재신임함으로써 한나라 정벌에 성공했다.

무왕은 진나라 왕들 중 괜찮은 리더에 속했지만, 한 가지 치명적인 흠이 있었다. 그게 바로 힘자랑이었다. 힘이 센 무왕은 툭하면 힘겨루기를 했다. 그러던 어느날 맹열이란 역사와 솥 들기 내기를 하다 정강이뼈가 부러져 솥에 깔려 죽고 말았다. 여기서 '솥 들기'라는 뜻의 '거정(擧鼎)'과 '정강이뼈가 부러지다'라는 뜻의 '절빈(絕臏)'이 결합해 거정절빈이란 고사성어가 나왔다.

요즈음 같은 자기 PR 시대에 어울리지 않는 말일지 모르지만, 세상에는 자랑하지 말아야 할 것이 있다. 특히 '돈자랑'이 그러하다. 힘자랑이나 먹기자랑은 공식적인 무대에서 잘만 하면 돈을 벌고 명예도 얻는다. 그에 비해 돈자랑은 아무리 잘해봐야 손가락질밖에 돌아오지 않는다. 돈의 지배를 받는 세상임에도 그렇다. 이는 자본주의, 특히 천민자본주의의 이중성이자 아이러니라고 할 수 있겠다.

우리 사회에서 심심찮게 터지는 가진 자들의 폭력, 폭행 사건을 보노라면 '돈자랑이 성이 안 차 힘자랑까지 하나'라는 생각이 든다. 그 힘이란 것 또한 돈에서 나온 것이고 보면 저들의 비겁함과 저급함, 비열함에 그저 한숨만 나올 뿐이다. 권력이든 돈이든 적절하게 나눌 줄(쓸 줄) 알아야 한다. '허영'과 '허세'를 추구하는 삶에서 남는 것이라곤 세상의 비웃음만 사는 호화판 무덤밖에 더 있겠는가!

——————— **권5**
〈진본기〉

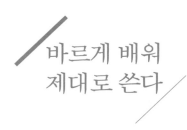

바르게 배워
제대로 쓴다

배운 것을 왜곡해 세상에 아첨한다

曲學阿世
곡 학 아 세

　'곡학아세'는 아주 유명한 고사성어다. 이와 비슷한 성어로 자신의 뜻을 굽혀 남의 비위를 맞춘다는 뜻의 곡의봉영(曲意逢迎)이 있다.

　이 말은 한나라 초기 경제 때의 박사 원고생이 공손홍에게 "(그대는) 바른 학문으로 바른 말을 하는 데 힘쓸 뿐, 배운 것을 왜곡해 세상에 아첨하는 일이 없도록 하시오"라고 따끔하게 충고한 데서 나왔다.

　공손홍은 예순 살 늦깎이로 박사가 된 입지전적인 인물이다.

38

논리와 법에 정통하여 어사대부까지 올랐고, 훗날 평진후로 봉해질 만큼 유능했다. 그런 공손홍이 원고생이라면 두려워 어쩔 줄 몰라했다고 한다.

원고생은 제나라 출신으로 《시경(詩經)》에 정통했는데, 《시경》을 말하는 사람치고 그에게 뿌리를 두지 않는 자가 없을 정도였다. 원고생이 현자를 구하던 무제의 부름을 받았을 때가 아흔 살이었는데, 함께 부름을 받은 공손홍에게 앞으로의 처신에 대한 경계로 삼도록 충고한 것이다.

그렇다면 원고생에게 '곡학아세'하지 말라는 충고를 들은 공손홍은 어떤 인물이었을까? 공손홍은 한마디로 위선자였다. 그는 권력자 앞에서 절대 바른 소리를 하지 않았다. 또한 조정에서 다른 대신들과 논쟁하지도 않았다.

막 즉위한 무제가 그를 흉노에 사신으로 보낸 적이 있었다. 그런데 돌아와 올린 복명서가 무제의 마음에 들지 않았던 모양이다. 무제는 무능하다며 공손홍을 꾸짖었다. 그러자 그는 병을 구실로 사표를 던지고 고향으로 가버렸다. 이때 무제에게 들은 꾸중이 그의 관직생활에 상당히 영향을 미친 듯하다.

이후 공손홍은 황제 앞에서 얼굴을 붉힐 만한 말이나 행동을 절대 하지 않았다. 그뿐 아니라 자신과 사이가 나쁘거나 마음에 들지 않는 사람을 몰래 해치기까지 했다. 또 겉으로는 검소한 척,

점잖은 척해 주위의 칭찬을 들었지만 내면은 그렇지 못했다. 그는 고기반찬 하나에 거친 밥을 먹고 삼베 이불을 덮고 살면서 친구나 빈객들이 부탁하면 봉급까지 털어주며 명성을 샀다. 이렇게 얻은 명성을 '매명(買名)'이라고 한다. 다른 한편으로, 자기 이름(학문)을 판다고 해서 '매명(賣名)'이라 부르기도 한다. 어느 쪽이든 지식인이 지식을 바르게 사용하지 않고 개인의 명예나 영달을 추구하는 것을 비판하는 의미를 담고 있다.

공손홍의 위선은 매우 교묘해 배운 사대부들마저 훌륭하다고 칭찬할 정도였다. 하지만 남을 시기하고 의심이 많았으며, 너그러운 것 같으면서도 속마음을 알 수 없는 위인이었다. 자신과 틈이 벌어지면 겉으로는 사이가 좋은 듯 꾸며댔지만, 남들 모르게 그에게 보복했다. 주보언이란 동료 관리를 죽게 만들고, 유명한 학자이자 라이벌이라 할 수 있는 동중서를 교서(산동성)로 내쫓은 것도 그의 짓이었다.

그는 자신이 올린 정책이 받아들여지지 않더라도 황제에게 따지지 않았다. 다른 관료들이 정책을 건의하거나 대책을 내놓으면 그제야 따라서 거들었다. 한번은 황제에게 직언하기로 공경들과 약속해놓고는 정작 황제 앞에 서자 고분고분 따르며 동료들을 배신했다.

급암은 제나라 출신인 공손홍의 출신지를 거론하며 그가 정직

하지 못하고 불충하다고 비난했다.

황제가 공손홍에게 생각을 묻자, 그는 "저를 아는 자는 신을 충성스럽다 하고, 저를 모르는 자는 불충하다고 합니다"라고 대답했다. 이후로 황제는 다른 신료들이 공손홍을 비판할 때마다 그 말을 떠올리며 더 잘 대우했다. 이런 자에게 원고생의 충고가 먹힐 리 만무했다.

'곡학아세'는 자신이 배운 전문지식이나 학벌 따위를 미끼삼아 각종 권력에 아부하는 사이비 지식인을 향한 엄중한 경고다. 하지만 작금의 우리 사회를 보면 그 경고가 무색하다 못해 아예 무시당하는 것 같다. 오죽하면 폴리페서(교수가 정치에 기웃거리며 정계 입문을 노리느라 자기 본분을 잊게 된 경우)도 모자라 폴리널리스트(언론인으로서의 위상을 이용해 정관계 진출을 시도하는 경우)라는 신조어까지 만들어졌겠는가? 무엇을 배우든 바르게 배워 제대로 써야 한다.

——————— **권121**
〈유림열전〉

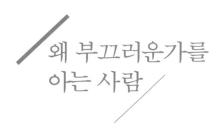

왜 부끄러운가를
아는 사람

염치를 모른다

寡廉鮮恥
과 염 선 치

과염선치의 한자를 그대로 풀이하면 '염치가 드물다'는 뜻이
다. '치(恥)'는 '치(耻)'와 같은 글자인데 모두 부끄럽다는 의미를
갖는다. 그런데 이 글자가 아주 흥미롭다. 귀를 뜻하는 '이(耳)'
와 마음을 뜻하는 '심(心)' 자가 합쳐져 있다. '마음의 소리' 또
는 '마음의 소리를 듣는 것'이 곧 '부끄러움'이란 얘기다. 참으
로 의미심장하다.

이 성어는 변방에 있던 서남이 지역이 한나라가 무력을 앞세
워 침입해올지 모른다는 불안감 때문에 동요하자, 한 무제가 그

인간의 길

동요를 가라앉히고자 문장가 사마상여에게 작성케 한 격문에 등장한다.

사마상여는 파·촉 지역에 대한 교화가 제대로 이루어지지 못하는 원인을 지적하며 이렇게 말한다.

그러나 그것은 그 한 사람만의 잘못이 아니다. 먼저 아버지와 형님이 가르치지 않아 아들과 동생의 행동이 신중하지 못한 것이고, 백성이 염치를 몰라 풍속이 튼튼하지 않은 것이다.

잘못은 부끄러움이라는 마음의 소리를 들을 때 제대로 알고 고칠 수 있다. 명말청초의 혁신사상가 선산 왕부지는 배움과 실천의 관계를 다음과 같이 설파했다.

"배우기는 쉬울지 몰라도 좋아하기란 어렵고(학이이호난[學易而好難]), 행하기는 쉬울지 몰라도 꾸준히 하기란 어려우며(행이이역난[行易而力難]), 부끄러움을 느끼기는 쉬워도 왜 부끄러운가를 알기란 어렵다(치이이지난[恥易而知難])."

이것이 호학(好學), 역행(力行), 지치(知恥) 3자의 관계인데, 왕부지는 '지치'를 특별히 강조했다.

누구든 언행에 대해 비판과 질책을 받으면 이내 부끄러움을 느낀다. 그런데 그 부끄러움이 자신의 언행을 바로잡는 것으로 나아가지 못하고, 대개는 나무란 사람을 원망하고 증오하는 적반하장의 반응으로 나타난다. 이것이 '부끄러움을 느끼기는 쉬워도 왜 부끄러운가를 알기란 어렵다'는 말의 의미다.

정치인들의 언행을 보면서 과연 국민들이 비판과 비난을 쏟아내는 이유를 알고나 있을까 의심스러웠는데, 왕부지의 이 말을 접하는 순간 깨달았다. 저들은 부끄러워할 줄만 알았지 왜 부끄러운지 모르는 것이다.

양심적인 사람은 자신의 내면 깊숙한 곳에서 들려오는 마음의 소리(부끄러움)를 들을 수 있다. 반면 염치를 모르는 사람은 죄를 짓고도, 심지어 죗값을 치르고도 뉘우침이 없다.

염치를 되찾아야 한다. 그것이 인간의 순수성을 되찾는 길이다. 그런 의미에서 '과염선치'는 우리 모두의 가슴속에 소중히 간직해야 할 날카로운 칼인 셈이다. 염치를 모르고 행동할 때 그 칼에 자신의 가슴이 베이게 해야 한다.

—————— **권117**
〈사마상여열전〉

반성이야말로
진정한 자기변명

구차하게 눈치나 본다

苟合取容
구 합 취 용

    위기가 닥치거나 나라가 망하려 할 때 나타나는 현상들이 있다. 자기만 살겠다고 의리를 저버리며, 잘못을 인정하지 않고 구차한 변명을 일삼는 사람이 많아지는 것이다. 이를 망하려는 징조, 망조라고 부른다.

    구차하게 (권력자의) 눈치나 보면서 제 몸 지키기에만 급급한 모습을 묘사한 구합취용이란 성어는 사마천이 친구 임안에게 보낸 편지인 〈보임소경서(報任少卿書)〉(또는 〈보임안서〉)에 나온다. 사마천은 그 편지에서 구차하게 상대의 뜻에 맞추거나 표정을 살피며 살아온 자신의 처지를 비통하게 토로한다.

저는 선친께서 물려주신 가업 덕분에 황제의 수레바퀴 아래에서 벼슬하며 죄받기를 기다린 지 20여 년이 되었습니다. 그런데 스스로 이런 생각을 하여봅니다.

우선 충성을 바치고 믿음을 다하며, 훌륭한 계책을 세워 뛰어난 재능이 있다는 칭송을 들으면서도 현명한 군주를 모시지 못하였습니다.

다음으로 정치의 모자란 것을 메우며 어질고 재능 있는 자를 추천하거나 초야에 숨은 선비를 조정에 드러나도록 하지 못하였습니다.

밖으로는 전쟁에 참여하여 성을 공격하고 들에서 싸워 적장의 목을 베거나 적군의 깃발을 빼앗은 공이 없습니다.

끝으로 오랫동안 공로를 쌓아서 높은 지위나 후한 녹봉을 받아 친지들에게 광영과 은총을 가져다준 적도 없습니다.

위의 넷 중 어느 하나도 이루지 못하였으며 구차하게 눈치나 보면서 별다른 성과도 내지 못한 것이 이와 같습니다.

'구합취용'이란 말은 사마천의 열전을 싣고 있는 반고의《한서》〈제갈풍전〉에도 나오는데, 그 대목이 절절해 잠시 인용해보겠다.

인간의 길

가난한 선비에겐 오히려 죽음도 함께할 문경지교(刎頸之交)가 있거늘, 지금 사해를 감싸고도 남을 큰 나라에 목숨으로 절개와 지조를 지키는 신하는 한 명도 없고, 그저 끼리끼리 패거리를 짓고 모조리 구차한 언행으로 제 몸보신에만 열을 올리면서 (……) 사사로운 이익만 생각하니 나라를 망치는 정치로다!

우리의 삶과 사회 풍토는 어떤지 생각해보자. 아첨하느라 권력자와 생각이 다른 사람들을 말이나 글로 마구 물어뜯는 언간(言奸)들의 행태야말로 사마천이 말한 '구합취용'이다. 이들은 잘못을 저지르고도 끝까지 잡아떼고, 거짓이 들통나도 구질구질한 변명으로 일관한다.

잘못만 있고 반성이 없는 사회는 죽은 사회다. 사람도 마찬가지다. 누구나 실수하고 잘못할 수 있지만, 그것을 반복하지 않으려면 진정한 반성이 뒤따라야 한다. 구차하게 눈치를 살피면서 또 다른 거짓말로 자신의 잘못을 변명하는 삶은 불쌍하다. 작은 용기에서 우러난 반성이야말로 진정한 자기변명이다. 그런 사람이 올바로 사는 사람이다.

《한서》〈사마천전〉에 수록된 '보임안서'

진퇴의 진정한 가치를
고민하라

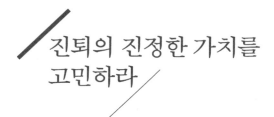

귀한 이름(명성)을 오래 가지면 상서롭지 못하다

久受尊名不祥
구 수 존 명 불 상

이 성어와 관련된 이야기는 와신상담(臥薪嘗膽), 오월동주(吳越同舟) 등 숱한 고사성어를 남긴 오나라와 월나라의 싸움이 월나라의 승리로 끝난 뒤 시작된다.

월나라의 공신 범려는 월왕 구천을 패자(霸者)로 만든 뒤, 너무 커진 자신의 명성을 지키기 어렵다고 판단해 권력에서 물러나려 한다. 사직서를 올렸으나 구천은 최대 공신인 범려를 쉽게 놓아주지 않았다. 구천은 나라의 반을 나누어줄 테니 떠나지 말라고 붙잡았지만, 범려는 가벼운 짐을 챙겨 식구들과 함께 제나

인간의 길

라로 향했다.

　이름을 바꾸고 숨어 살던 범려는 해변에서 농사를 지어 많은 재산을 모았다. 그의 명성은 눈 깜짝할 사이에 퍼져나갔다. 제나라에서 그를 재상으로 삼고자 청하자, 범려가 한숨을 쉬며 말했다.

　　집안에서는 천금의 재산을 이루었고, 벼슬로는 재상에 이르렀으니, 보통 사람으로는 가장 높은 곳까지 간 셈이다. 하지만 이렇게 귀한 이름을 오래 가지면 상서롭지 못하다!

　여기서 '귀한 이름을 오래 가지면 상서롭지 못하다'는 구수존명불상이라는 성어가 나왔다. 부귀와 영화를 오래 누리다 보면 화가 미치는 경우가 많다. 부귀와 영화는 사람을 교만하게 만들고, 주위 사람들의 시기와 질투를 불러일으키기 때문이다. 부유하면서 겸손하기란 무척이나 어려운 일이다.

　범려는 재상 자리를 사양하고 이웃들에게 재산을 나눠준 뒤, 재물을 챙겨 몰래 제나라를 빠져나갔다. 범려는 진퇴가 분명했던 인물이다. 명성은 자신이 만드는 것도 아니고 힘으로 빼앗을 수 있는 것도 아니다. 진정한 명예는 타인의 마음이 결정한다. 이러한 이치를 누구보다 잘 알았던 범려는 공허한 명성을 좇지 않왔다. 그리고 그 덕분에 편안한 여생을 보낼 수 있었다.

범려는 자신과 함께 월나라를 일으키고 오나라 멸망에 큰 공을 세운 절친 문종에게 편지를 보냈다. 사냥하던 토끼를 잡았으니 사냥개는 삶겨질 수밖에 없다는 토사구팽(兎死狗烹)을 인용하며 함께 떠나자고 권한 것이다. 설마 하며 망설이던 문종은 결국 월왕 구천이 내린 검으로 자결하는 처지가 되고 만다.

일시적인 환호성에 눈과 귀가 멀어 자리에 집착함으로써 갖고 있던 명성마저 잃는 사람이 많다. 생사와 진퇴의 진정한 가치를 깊게 고민하지 않기 때문이다. 범려가 남긴 위 성어와 더불어 성공한 자리에 머물러 있지 말라(성공불거[成功不居])는 장량의 충고가 귓가를 때린다.

———— **권41**
〈월왕구천세가〉

인간의 길

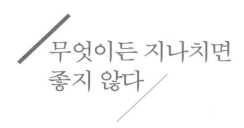

무엇이든 지나치면
좋지 않다

이리저리 어지럽고 흩어진 모습

杯盤狼藉
배　반　낭　자

　　피가 많이 흘러 어지러운 상태를 가리켜 '유혈이 낭자하다'라
고 표현한다. 여기서 '낭자'는 배반낭자에서 나온 것이다. 이리
저리 아무렇게나 흩어진 어지러운 모습이나 상황을 이르는 말
인데, 흔히 앞의 두 글자를 빼고 '낭자'로 사용한다. '배반'은 음
식을 다 먹고 난 뒤 잔과 접시가 어지럽게 흩어진 모양을 뜻하
고, '낭자'는 이리떼가 풀더미 위에서 잠을 잔 다음 풀을 마구 흩
뜨려 잠잔 흔적을 없앴다는 이야기에서 나왔다.

　　《사기》에서 이 말은 주량이 얼마나 되느냐는 제나라 위왕의 물음에 익살꾼 순우곤이 "신은 한 말을 마셔도 취하고 한 섬을 마셔도 취합니다"라고 대답한 뒤, 그 까닭을 이야기하는 과정에 나온다. 내용이 다소 길기에 요약해서 인용한다.

"왕께서 술을 내리시면 관원들이 옆에 있어 두렵고, 더군다나 엎드려서 마셔야 하니 한 말도 못 마시고 취합니다. 귀한 손님과 함께 계신 어버이에게 꿇어앉아 받아도 두 말을 못 마시고 취합니다.

오랜만에 벗과 마시면 홀가분하고 즐거워 대여섯 말을 마실 수 있습니다. 마을 잔치에서 남녀가 섞여 앉아 주거니 받거니 하고, 손을 잡아도 흉이 되지 않는 자리라면 약간 취기가 돌 정도인 여덟 말은 마실 수 있습니다.

또 깊은 밤에 자리를 좁혀 남녀가 동석하고 신발이 서로 뒤섞이며, 술잔과 그릇이 어지럽게 흩어지고 마루 위의 촛불이 꺼진 뒤, 다른 손님은 돌려보내고 저만 남은 상황에서 얇은 비단 속옷의 옷깃이 열리면 은은한 향기에 한 섬도 마실 수 있습니다.

그러나 술이 도가 지나치면 어지럽고(주극생난[酒極生亂]), 즐거움이 도가 지나치면 슬퍼집니다(낙극생비[樂極生悲])."

그런 다음 순우곤은 "모든 일이 이와 같습니다. 사물이란 도가 지나치면 안 되며, 도가 지나치면 쇠할 수밖에 없습니다"라고 덧붙였다.

무엇이든 도가 지나치면 다른 한쪽이 다치거나 나를 해치게 된다. 도가 지나치면 쇠할 수밖에 없다는 순우곤의 말은 이 뜻일 게다. 개인의 나쁜 습성과 불량한 사회 기풍은 한시라도 빨리 바꾸어야 한다. 제나라 위왕은 순우곤의 충고를 받아들여 밤새 술 마시는 습관을 버렸고, 왕실에서 술자리가 열릴 때면 순우곤을 옆에 두고 자신의 실수를 감시하게 했다.

순우곤의 말은 인간이나 사물에 대한 자세와 정도의 관계를 깊이 있게 지적하고 있다. 대상과 상황에 따라 유연한 자세가 필요하나, 어느 경우든 극에 이르러서는 안 된다는 얘기다. 즐거움이 극에 이르면 슬퍼진다는 말은 곱씹을수록 의미가 크게 느껴진다. 극단적 쾌락에 몸을 맡기고 그 쾌락이 끝나면 또 다른 쾌락을 찾는 사람들이 이런 이치의 한 자락만이라도 깨달을 수 있다면 다행이겠다.

―――――― **권126**
〈골계열전〉

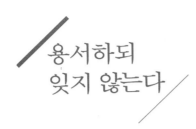

용서하되
잊지 않는다

노려보기만 해도 반드시 보복한다

睚眦必報
애 자 필 보

중국인은 은인과 원수를 분명히 구분한다고 한다. 이를 '은원관(恩怨觀)'이라 하는데, 다른 민족보다 유별난 편이라 중국인 특유의 성격이자 기질로 대변된다. '은혜와 원수는 대를 물려서라도 갚아라'라는 속담이 있을 정도다.

애자필보는 스쳐가는 길에 노려보기만 해도 반드시 보복한다는 다소 지나친 은원관의 표출이다. 일생이 이런 은원관으로 점철된 한 인물을 살펴보자.

진나라 소왕 때 승상을 지낸 범수는 그 유명한 외교정책 원교

근공(遠交近攻)을 제안하여 진나라의 대외확장에 큰 역할을 한 인물이다. 젊었을 때 범수는 위나라 중대부 수고를 섬겼다. 수고는 사신으로 이웃 나라를 자주 왕래했는데, 제나라에 파견될 당시 범수도 함께 가게 되었다.

제나라 왕은 범수의 비범함을 알아보고 황금 열 근과 술, 소고기를 보냈다. 범수는 괜한 오해를 살까 봐 거절했으나, 수고는 위나라의 비밀을 제나라에 알렸기 때문에 그런 대접을 받는 거라며 범수를 의심했다.

귀국 후 수고는 이 사실을 재상 위제에게 고자질했다. 위제는 범수를 고문했고, 그의 갈빗대와 이를 부러뜨렸다. 범수가 죽은 척하자 대자리에 말아서 변소에 내다버렸다. 그러자 술 취한 빈객들이 그에게 오줌 세례를 퍼부었다. 간신히 정신을 차린 범수는 간수들을 매수해 그곳에서 빠져나왔다.

그는 위나라 사람 정안평의 도움을 받아 이름을 바꾸고 진나라로 들어갔다. 그리고 소왕에게 발탁돼 정승 자리에까지 올랐다. 지난날 정안평에게 입은 은혜를 잊지 않았던 범수는 그를 소왕에게 추천했고, 소왕은 정안평을 장군에 임명했다. 그는 재산을 털어 은인에게 보답했다.

범수는 은혜뿐만 아니라 원한도 잊지 않았다. 위나라 수고가 사신으로 진나라를 방문했는데, 범수가 재상이 된 걸 알고는 웃통을 벗은 채 무릎을 꿇었다. 그는 "제 죄가 머리카락을 뽑아 헤아리려도 모자랄 만큼 많습니다"라며 싹싹 빌었다. 그러자 범수는 이렇게 말했다.

"네 죄목은 세 가지다.

너는 예전에 내가 제나라와 내통한다고 여겨 나를 위제에게 모함했다. 이것이 첫 번째 죄다.

위제가 나를 욕보이기 위해 변소에 버렸을 때 너는 그것을 말리지 않았다. 이것이 두 번째 죄다.

위제의 빈객들이 취해 번갈아가며 나에게 오줌을 갈겼지만 너는 모른 척했다. 이것이 세 번째 죄다.

그러나 나는 너를 용서하겠다."

그 후 범수는 각국 사신에게 큰 잔치를 베풀었다. 수고 또한 그 자리에 초대했다. 그런데 다른 사신들과 달리 수고를 대청 아래에 앉게 하더니 말의 먹이인 여물을 구유에 담아 내놓았다.

범수의 삶 자체가 은원으로 얼룩져 그의 은원관을 이해하지 못할 바는 아니다. 하지만 원한을 되갚는 정도가 지나치다는 인상을 지우기 어렵다.

자그마한 은혜와 원한까지 평생 기억하며 반드시 갚으려는

인간의 길

사고방식도 문제지만, 은혜와 원수를 제대로 가리지 못하고 좋은 게 좋다는 식으로 넘어가는 무신경한 처신은 더 큰 문제다.

지나치게 분명한 은원관은 인간관계를 삭막하게 만든다. 반면에 매사 흐리멍덩한 은원관은 진실과 역사를 왜곡한다. 중용과 용서가 문제의 해결책이긴 하지만, 다소 모호한 측면이 있다. 그렇다면 용서하되 잊지 않는 것이 한 가지 방법일까?

물론 잊을 것은 잊어야 한다. 사소한 일로 쌓인 감정은 빨리 터는 것이 현명하다. 하지만 역사 속 크나큰 과오는 잊기도 어렵고 잊을 수도 없다. 역사는 결코 과거를 망각하지 않는다. 인간의 망각조차 먹고사는 것이 역사이기 때문이다. '애자필보'는 다소 지나친 은원관이긴 하지만 때와 상황에 따라 필요할 수도 있을 것이다.

——————— **권79**
〈범수채택열전〉

보이지 않는 위험조차
경계하라

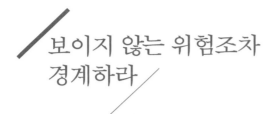

집 가장자리에는 앉지 않는다

坐不垂堂
좌 불 수 당

《사기》에는 수많은 인물의 삶과 죽음이 파노라마처럼 펼쳐진다. 사마천은 다양한 부류의 사람들에게 애정 어린 눈빛을 보내고 있다. 사마상여도 그중 한 사람이다.

그는 부(賦)라는 산문 형식의 글을 잘 지어 명성이 높았다. 민간에 떠도는 전설에 따르면, 사천 지방의 부호인 탁왕손의 딸 탁문군과 눈이 맞은 사마상여는 함께 성도(成都)로 도망가 술집을 운영하며 어렵게 생활하는 등 독특한 이력을 지닌 인물이다. 그는 〈자허부(子虛賦)〉를 비롯해 많은 문장을 남겼는데, 유려한 문

인간의 길

체에 서정성이 짙어 당대의 걸작으로 꼽힌다.

문장가로 이름을 날린 사마상여의 어릴 적 이름은 '견자(犬子)'였다. 우리말로 옮기면 '개새끼', 좀 더 귀엽게 말해 '강아지'라고 할 수 있겠다. 옛날 우리도 아이에게 '개똥이', '돌쇠' 같은 천한 이름을 붙였는데, 그래야 아프지 않고 오래 산다는 미신 때문이었다.

사마상여가 견자로 불린 이유 역시 마찬가지였을 것이다. 조금 확대 해석하면, 위험한 곳에는 가까이 가지 말라는 뜻이 담긴 집 가장자리에는 앉지 않는다는 좌불수당이 사마상여의 이름과 관련된 일화에도 드러난다.

《사기》에서 좌불수당은 사냥에 빠져 있는 천자에게 사마상여가 자제할 것을 요청하며 올린 상소문에 나온다. 전반부에서 사마상여는 천자의 신변을 걱정하며 사냥 중에 일어날지 모르는 돌발상황의 위험성을 하나하나 지적한다. 그런 다음 이렇게 덧붙인다.

무릇 사물의 변화를 잘 보는 사람은 싹이 트기 전에 미리 보며, 지혜로운 자는 보이지 않을 때 위험을 피합니다.

화란 본디 안 보이는 곳곳에 숨어 있다가 사람이 소홀히 하는 틈을 타서 나타납니다. 그래서 속담에 천금을 쌓아놓은 집에서는 집이 무너질까 봐 가장자리에 앉지 않는다(천금지가[千金之家] 좌불수당[坐不垂堂])고 했습니다. 하찮은 일인 듯하지만 그것을 그대로 큰일에 비유할 수도 있습니다.

사마상여의 말은 백 번 옳다. 하지만 형체도 없는 위기상황을 미리 감지하여 피하기란 여간 어려운 일이 아니다. 평범한 사람으로서는 도달하기 힘든 경지다.

보통 사람이 위험과 화를 피하는 손쉬운 길은 쓸데없는 욕심을 부리지 않는 데 있다. 그게 더 어렵다고 말하는 사람도 있겠지만, 인간에게 그 정도의 자기 통제력은 있다.

특히 조직이나 기업을 경영하는 사람은 사마상여의 충고를 귀담아들어야 한다. 이른바 위기 관리에 대한 영감을 주기 때문이다.

_____ **권117**
〈사마상여열전〉

인간의 길

화려한 곡선보다
단순한 직선이 낫다

단단하고 곧은 성품

堅忍質直
견 인 질 직

　한나라의 개국 군주인 유방이 항우를 물리치고 천하를 재통일할 수 있었던 이유는 유능한 인재들을 적재적소에 기용했기 때문이라는 평가가 지배적이다. 유방이 기용한 인재는 대부분 고향 친구들이었는데, 소하, 조참, 주발, 번쾌, 노관이 대표적이다.

　유방과 동향 출신으로 훗날 어사대부에 오른 주창이란 인물이 있다. 사람 됨됨이가 강직하여 바른 소리를 잘했기 때문에, 재상에 오른 소하와 조참은 물론 다른 신하들도 그에게 몸을 낮추며 존경했다고 한다. 우리에게 다소 생소한 견인질직이란 성어는 주창의 성품을 나타내는 대목에 나온다.

유방은 정비인 여태후의 몸에서 태어난 태자보다 후궁 척희의 아들 여의를 무척 아끼고 사랑했다. 심지어 태자를 폐하고 자기를 많이 닮은 여의를 태자 자리에 앉히려 했다.

공신들의 강력한 만류로 뜻을 꺾기는 했지만, 유방이 죽고 난 다음 척희와 여의의 신변을 보장할 수 없다는 것이 문제로 남았다. 이에 유방은 열 살 난 여의를 조왕에 임명하는 한편, 그를 보좌할 인물을 물색했다. 그때 추천을 받은 이가 주창이다.

추천자는 주창을 두고 "사람이 단단하고 곧은 성품이어서 여태후와 태자는 물론 대신들이 평소부터 그를 존경하고 두려워합니다"라고 말했다.

정쟁에 휘말리고 싶지 않았던 주창은 상국 자리를 완강하게 거절했지만, 유방의 간곡한 부탁에 결국 어린 조왕을 보좌하기에 이른다. 그리고 얼마 후 유방은 세상을 떠났다.

여태후는 즉각 척희의 두 눈을 파내고 귀를 멀게 해 돼지우리에 가둔 뒤 인간돼지, 즉 인체(人彘)로 부르게 했다. 이어 어린 조왕을 죽이기 위해 여러 차례 장안으로 소환했다. 주창은 장안에 가면 어떤 일이 벌어질지 뻔했으므로 한사코 조왕을 보내지 않았다. 그러자 여태후는 주창을 먼저 소환한 다음 조왕을 불러들여 독살했다. 조왕을 지키지 못한 주창은 병을 핑계로 은퇴한

인간의 길

뒤 3년 만에 세상을 떠났다.

최고권력자의 눈치를 볼 수밖에 없는 왕조체제에서 벼슬을 하기란 쉬운 일이 아니었다. 더욱이 주창처럼 강직한 성품의 인물은 더욱 그러하다. 어눌하지만 강직했던 주창은 권모술수가 판치던 정치판과는 기질이 맞지 않았다. 결국 그는 역사의 평가를 뒤로 한 채 쓸쓸하게 무대 뒤로 퇴장하고 말았다.

정치판에서 잘 살아남는 자들의 공통점은 악다는 것이다. 장량이 한 왕조가 들어서자 미련없이 정치판을 떠난 것은 권력 주변의 이 같은 생리를 정확하게 간파했기 때문일 것이다.

예나 지금이나 주창 같은 강직한 사람은 꼭 필요하다. 그러나 고대와는 비교가 안 될 정도로 발전한 오늘날에도 권력자의 눈치를 잘 살피는 자들이 여전히 중요한 자리를 꿰차고 있다. 다만, 지금은 권력자뿐만 아니라 백성들의 눈치까지 살펴야 하는 새로운 환경이 조성되긴 했다. 어쩌면 그래서 주창 같은 강직한 정치가나 관료가 더 필요한지도 모르겠다.

———— **권96**
〈장승상열전〉

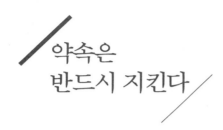

약속은
반드시 지킨다

90리를 양보하다

退避三舍
퇴 피 삼 사

춘추시대 초기에 활약한 진나라 문공 중이는 내부 정쟁을 피해 무려 19년 동안이나 망명생활을 한 특이한 인물이다. 마흔둘에 망명길에 올라 19년 만에 고국으로 돌아온 그는 환갑의 나이에 최고 자리에 올랐다.

망명 중에 그는 여덟 나라를 전전하며 갖은 고생과 수모를 겪었다. 심지어 조나라나 위나라 같은 작은 나라들도 중이를 푸대접했다.

그런데 조나라를 지날 때 국군(國君) 공공이 직접 중이를 맞

인간의 길

이했다. 알고 보니 중이의 갈비뼈를 구경하기 위함이었다(중이의 가슴뼈는 일반적인 경우와 달리 통뼈였다. 이를 변협[骈脇]이라 하는데, 당시 그의 특이한 가슴뼈가 소문났던 모양이다). 공공은 중이의 갈비뼈만 구경하고는 그냥 돌아가 버렸다. 중이로서는 여간 큰 모욕이 아니었다.

한번은 배가 고파 촌사람에게 밥을 구걸했다. 그러자 그는 흙을 밥이라며 먹으라고 했다.

그런데 남방의 강국 초나라는 중이를 후하게 대접했다. 작은 나라에서조차 멸시받던 중이는 큰 나라의 환대에 기뻐했다. 초나라를 떠날 때 중이는 성왕에게 진심으로 감사를 표했다.

그러자 성왕이 농담 삼아 나중에 잘되면 무엇으로 은혜를 갚을 생각이냐고 물었다. 중이는 훗날 만약 전장에서 만난다면 90리를 양보하겠다고 말했다. 여기서 90리를 양보한다는 뜻의 퇴피삼사란 성어가 나왔다. 당시 군대는 보통 하루에 30리를 행군한 다음 하루를 묵었는데, 이렇게 묵는 것을 사(舍)라고 한다. 따라서 90리는 3사, 즉 사흘 거리를 말한다. 이 성어는 원래 《좌전(左傳)》에 나오는데 《사기》에도 인용되었다.

중이의 이야기를 들은 초나라 대장 자옥은 그가 너무 교만하다며 당장 죽이자고 했다. 하지만 성왕은 오히려 중이가 망명생활을 청산하도록 큰 도움을 주었다.

그 뒤 진나라의 문공이 된 중이는 성복 전투에서 초나라 성왕과 대치하기에 이른다. 상황이 여러 가지로 불리했지만, 중이는 지난날의 약속대로 90리를 양보했다. 그런 다음 일부러 패한 척 도망치며 교만해진 상대를 유인해 역전승을 거뒀다.

'퇴피삼사'는 스포츠에서 말하는 페어플레이 정신과 비슷하다. 상대방이 깨끗하게 나오면 나도 깨끗하게 상대한다는 의지의 표현이자, 상대와 합의하지 않은 충돌은 피하고 내가 먼저 양보한다는 뜻이다. 또한 한 번 한 약속은 반드시 지킨다는 신의를 대변한다.

춘추시대는 약육강식이 특징이던 전국시대와는 기풍이 사뭇 달랐다. 리더들은 약속과 신의를 중시했다. 무엇보다 그들은 통이 컸다. 이들의 통은 흔히 말하는 허풍과는 차원이 달랐다. 사람을 두루 포용하는 그런 통이었다. 이러한 리더들을 장자(長者)라고 불렀다.

시대를 막론하고 역사는 통 큰 양보와 대의를 실천한 진나라의 중이 같은 리더에게 높은 점수를 주었다. 통이 큰 리더를 갈망하는 시대가 다시 도래하고 있다.

———— 권39
〈진세가〉

인간의 길

복잡한 도시에서
세상을 피하는 지혜

조정 속에서 세상을 피한다

避世朝廷之間
피 세 조 정 지 간

세속에 젖어

세상을 궁궐문 안에서 피하네

궁전 안에서도

세상을 피하고 몸을 온전히 보전할 수 있거늘

왜 하필 깊은 산속 초가집이랴!

한나라 무제 때의 유명한 기인 동방삭의 글이다. 장수(長壽)의
대명사인 '삼천갑자(三千甲子)' 동방삭은 서한시대의 문장 형식

을 대표하는 사부(辭賦)의 전문가였다. 그는 성격이 낙천적이고 말솜씨가 뛰어났으며, 지혜롭고 익살스러워 우스갯소리로 늘 무제를 즐겁게 했다. 후대에 보충한 기록이긴 하지만 그와 관련된 이야기가 익살꾼들의 행적을 기록한 〈골계열전〉에 수록된 것도 그의 이런 성품과 기질 때문이었다.

그렇다고 그가 무제를 웃기기만 한 것은 아니었다. 때로는 서릿발 같은 풍자와 직간으로 무제의 간담을 서늘하게 만들었다. 빛이 강하면 그림자가 짙다고 했던가. 태평성대에 접어들어 막강한 국력을 자랑하던 무제 시대는 절대권력에 빌붙어 살아가는 출세 지상주의자가 넘쳐나는 어두운 면이 공존하고 있었다.

살벌한 궁중 암투의 소용돌이 속에서 동방삭은 기인으로 유명했다. 그는 옷이 기름범벅이 되건 말건 먹다 남은 고기를 품에 넣어 집으로 가져가거나, 황제에게 받은 재물을 미녀 아내를 맞이하는 데 모두 사용했다. 게다가 1년 이상 함께 산 사람이 없을 정도로 아내를 자주 바꾸었다. 사람들이 미쳤다고 비난하자 동방삭은 다음과 같이 말했다.

"옛 사람들은 세상을 피하려고 깊은 산속에 숨었지만, 나는 조정 속에서 세상을 피한다."

마음에 거리낄 것이 없으면 몸이 어디에 있든 상관없다는 말이다. 사람들은 흔히 세상사에서 벗어나고 싶어한다. 특히 복잡한 도시생활 속에서 일에 지치고 사람에게 시달리다 보면 그런 생각이 더욱 간절해진다.

그러나 그렇게 하기가 어디 쉬운가? 이럴 때 복잡한 도시 한가운데서 세상을 피할 지혜가 있다면…….

사람들과 어울리지 않고 혼자 사는 사람은 흔히 자신의 의지와 독립성, 그리고 자유를 자랑한다. 그러나 진정한 자유인은 사람들과 어울리면서도 자신의 독립성을 잃지 않는다.

동방삭은 그러한 삶의 전형이었다. '조정 한가운데서 복닥거리며 세상을 피한' 그는 무조건 세상을 피하고 현실과 동떨어져 생활하는 걸 자유라 우기고 힐링이라는 단어로 포장하는 자들과 차원이 달랐다.

——————— **권126**
〈골계열전〉

인간관계의 최고 경지는
진정한 우정의 실현

관중과 포숙의 우정

管鮑之交
관 포 지 교

사마천은 임안에게 보낸 편지에서 자신을 알아주는 지기(知己)의 소중함을 강조하며, 종자기가 죽자 백아가 거문고 줄을 끊고 다시는 연주하지 않았다는 백아절현(伯牙絶絃)의 고사를 애틋하게 이야기한다.《사기》전편에는 인간관계의 최고 경지를 보여주는 우정에 대한 이야기가 적지 않은데, 그중에서 대표적인 두 가지 성어를 소개하려 한다.

먼저 우정뿐 아니라 인재 기용에 관해서도 많은 것을 생각하게 하는 관포지교가 있다. 제나라의 관중과 포숙은 젊었을 때

인간의 길

부터 함께 사업을 하는 등 절친한 친구 사이였다.

그 뒤 제나라 양공 때 관중은 공자 규를, 포숙은 공자 소백을 보좌했다. 그런데 제나라에 정변이 일어나 국군인 양공이 살해당하는 사건이 발생했다.

외국에서 망명생활 중이던 양공의 두 동생 규와 소백은 귀국을 서둘렀다. 먼저 도착하는 사람이 국군 자리에 오를 상황이었기 때문이다. 규는 관중을 시켜 소백을 암살하게 한다. 관중이 활을 쏘았지만, 공교롭게 허리띠에 맞아 소백은 목숨을 건졌다. 관중과 규 일행은 그가 죽은 줄 알고 느긋하게 귀국하다 소백에게 국군 자리를 빼앗기고 말았다.

노나라의 도움을 받던 규는 노나라 군대를 빌려 다시 소백을 공격했지만 패했다. 전후 회담에서 소백은 공자 규를 죽이고 관중은 제나라로 압송할 것을 노나라에 요구했다. 패한 노나라로서는 그 요구를 들어주지 않을 수 없었다.

관중은 죄수용 수레를 타고 제나라로 돌아왔다. 그런데 그가 탄 수레가 나타나자 놀라운 일이 벌어졌다. 포숙이 따로 준비한 좋은 수레로 관중을 옮겨 타게 한 것이다. 궁으로 들어간 관중은 제나라 재상에 임명되었다.

그 배후에는 포숙이 있었다. 포숙은 환공(소백)에게 관중의 재능을 소개하며 그를 재상에 발탁하도록 권했다. 배포가 남달랐던 환공은 자신에게 활을 쏜 관중을 용서하고 그를 재상으로 임명하는 파격을 단행했다.

그 후 관중은 환공을 도와 제나라가 춘추시대의 패자가 되는 데 결정적인 공을 세웠다. 관중은 포숙에 대해 "나를 낳아주신 이는 부모님이지만, 나를 알아준 사람은 포숙이다(생아자부모[生我者父母] 지아자포숙[知我者鮑叔])"라는 말로 칭송을 대신했다.

'관포지교'에 버금가는 우정을 나타내는 성어는 문경지교다. '문경'은 '목을 내놓는다'는 뜻이다. 전국시대에 조나라를 실질적으로 이끈 두 인물, 염파와 인상여의 관계와 우정에서 비롯된 성어이다.

인상여는 강대국 진나라의 무리한 요구를 남다른 기지와 언변으로 막아내며 파격적인 승진을 거듭했다. 숱한 난관을 헤치며 공을 쌓아온 염파는 세 치 혀로 승승장구하는 인상여가 못마땅했다. 그래서 "언젠가 인상여를 만나면 혼쭐을 내겠다"며 분통을 터뜨렸다. 인상여는 이런 염파를 계속 피해 다녔다.

인상여의 식솔들은 염파보다 못날 것 없는 주인이 염파를 피해 다니는 것에 불만을 품었다. 이에 인상여는 "그렇지 않아도 사정이 어려운데 나마저 염파와 다투면 나라가 멸망하게 될지도 모른다"며 자신이 염파를 피하는 진짜 이유를 털어놓았다.

인간의 길

이 말을 전해들은 염파는 소인배처럼 그를 시기하고 질투한 것이 부끄러워 한쪽 어깨를 드러내고 가시를 짊어진 채 인상여를 찾아가 사죄했다(여기서 가시나무를 짊어지고 죄를 청했다는 뜻의 부형청죄[負荊請罪]라는 사자성어가 탄생했다). 그 후 두 사람은 '생사를 같이하는 친구'가 되었다.

'문경지교'는 〈장이진여열전〉에도 나오는데, 장이와 진여는 문경지교로 출발하였으나 나중에는 서로를 죽이고 싶어하는 원수지간이 되었다. 우정의 최고 경지라 할 수 있는 문경지교로 맺어진 친구 사이도 인간의 변덕스러운 마음 앞에서는 어쩔 수 없는 듯하다. 사마천은 이를 두고 "권력을 다투게 되자 서로 죽이려 했으니 어찌 권세와 사리사욕 때문이 아니겠는가"라고 비꼬았다.

《계명우기(鷄鳴偶記)》를 보면 옛날 사람들은 친구를 네 종류로 나누었다. 첫째는 외우(畏友)로, 서로 잘못을 바로잡아주고 도의(道義)를 위해 노력하는 친구 사이다. 둘째는 밀우(密友)로, 힘들 때 서로 돕고 생사를 같이하는 친구 사이다. 셋째는 일우(昵友)로, 좋은 일이 있을 때나 놀 때만 잘 어울리는 사이다. 마지막은 적우(賊友)로, 이익을 보면 서로 싸우고 근심거리가 있으면 미루는 사이다.

옛날 사람들은 참된 친구를 사우(師友)라 불렀다. 스승 같은 친구라는 의미일 것이다. 또 그 사람이 어떤 사람인지 알고 싶으면 그 친구를 보라(부지기인[不知其人] 시기우[視其友])는 말도 있다.

　일체를 초월하는 진정한 우정은 인간관계의 최고 경지다. 물론 그만큼 유지하기 어려운 관계이기도 하다. 사마천은 참된 우정에 대한 고사를 통해 자신이 갈망하는 이상적인 인간관계를 투영했는데, 놀랍게도 수천 년 시공을 초월해 감탄과 감동을 전달하고 있다. 오늘날 인간관계가 그만큼 삭막하다는 반증일 것이다.

━━━━━━ **권81**
〈염파인상여열전〉

━━━━━━ **권89**
〈장이진여열전〉

인간의 길

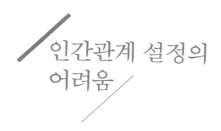

인간관계 설정의
어려움

서로 늦게 만난 것을 안타까워하다

恨相知晚
한 상 지 만

때늦음을 한탄하는 성어로 만시지탄(晚時之歎)이 있다. '한상지만'도 이와 비슷하지만 좀 더 극적이다. 의기투합한 누군가와 진즉에 만나지 못한 것이 한스럽다는 뜻이기 때문이다.

이 성어와 의미가 반대인 백두여신(白頭如新)은 머리가 하얗게 세도록 만난 사이지만 여전히 처음 보는 것처럼 낯설다는 뜻이다. 사람의 관계라는 것이 참으로 오묘하다는 생각을 갖게 하는 고사성어들이다. '한상지만'에 얽힌 이야기를 살펴보자.

위기후 두영은 한나라 문제의 처 두황후의 조카로, 황실 외척으로서 권세를 누렸다. 하지만 문제가 죽고 경제가 황제에 오르자 세력을 잃었다.

관부는 오나라, 초나라 등 일곱 나라의 왕이 반란을 일으켰을 때 그들을 제압하는 데 큰 공을 세운 장군이다. 그는 성격이 강직하고 호방하여 누구에게도 아첨하기를 싫어했다. 특히 지위가 높은 사람, 가문이 좋고 세도가 있는 사람, 자기보다 높은 자리에 있는 사람은 내려다본 반면, 가난하고 천한 사람은 깊이 존중하며 동등한 위치에서 교제했다.

이런 두 사람이 만나 '한상지만'을 이야기한다.

관부는 비록 재산은 많았으나 권세를 잃고 집에 들어앉아 있었기 때문에 점차 벼슬아치며 빈객들이 줄어들고 관계가 소원해졌다. 그래서 관부는 위기후에 기대 열후나 종실과 교제하며 자신의 이름을 높이고자 했다.

위기후 두영 역시 세력을 잃은 뒤로는 관부에게만 의지한 채 평소 자신을 따르다 발을 끊은 사람들을 모조리 배척했다.

두 사람이 서로를 도우며 사귀는 모습은 부자지간처럼 다정했다. 의기투합해 매우 기뻐하며 세월이 흘러도 변할 줄을 모르고, 늦게 알게 된 것을 한스러워 할 정도였다.

인간의 길

인간은 처지와 이해관계가 비슷할 때 더 빨리 가까워지는 법이다. '인정(人情)'이 개입하기 때문이다. 인간관계의 함정이 바로 여기에 있다. 사실 인간관계에서 냉정함을 유지하기란 참으로 어렵다. 예로부터 동양사회가 '의리'를 그토록 중시한 것도, 인성의 약점에서 비롯되는 인간관계의 문제점을 추상적인 의리와 명분으로 해결하려 했기 때문이다.

하지만 그로 인해 오히려 사람과 사람이 가까워지지 못하는 일도 생겨난다. 체면, 시기, 질투, 욕심, 오만 같은 경계에 막혀 진즉에 만나야 했거나 쉽게 가까워질 수 있었던 사람을 잃는 경우가 아주 많다. 거기에 학연, 지연 등 '인의 장막'까지 가세해 폭넓고 합리적인 인간관계를 가로막곤 한다.

'인간관계'는 세상살이의 알파요 오메가다. 따라서 관계 설정에 대한 통찰력과 깊이 있는 인식이 필요하다. 무엇보다 내면의 정신세계를 서로 인정하고 들어가는 것이 참된 인간관계의 출발점일 것이다.

—————**권107**
〈위기무안후열전〉

2장

세상을
어떻게 바라볼 것인가

是邪非邪
失之毫厘 差以千里
宋襄之仁 枯木朽株
明珠暗投 戴鷄佩豚
戴盆望天 道高益安
發指目裂 白頭如新
夜郎自大 砥行立名
洞見症結 一沐三捉
一飯三吐

是邪非邪
失之毫厘差以千里
宋襄之仁 枯木朽株
明珠暗投 戴鷄佩豚
戴盆望天 道高益安
髮指目裂 白頭如新
夜郎自大 單衣立名
一休三捉

  '척단촌장(尺短寸長)'이란 성어가 있다. '한 자가 짧을 때도 있고, 한 치가 길 때도 있다'는 뜻이다. 현실에서 보면 이 말은 어불성설이다. '한 자'를 뜻하는 척(尺)과 '한 치'를 뜻하는 촌(寸)은 길이로 치면 대볼 것도 없다. 한 치의 열배가 한 자이기 때문이다.

  하지만 한 자와 한 치가 사물과 사람의 관계에 엮이면 절대 길이가 묘하게 바뀌기도 한다. 경우와 상황에 따라 한 자가 짧을 때도 있고, 한 치가 길 때도 있다. 이것이 '척단촌장'이다. 사물과 인간의 관계는 상대적이라는 말이다. 어디서, 어떻게, 어떤 자세, 어떤 마음가짐으로 보느냐에 따라 달라진다는 의미이기도 하다. 이를 '관점'이라고 한다. 이 관점이 제대로 자리를 잡아야 세상을 바라보는 입장이 제대로 서게 된다.

  세상을 바라보는 관점은 대개의 경우 관조(觀照)로 발전한다. 사물과 인간, 그리고 거기에서 빚어진 상황을 보았으면 그것을 바로 인식하고 사유하는 단계로 나아가는 것이다. 이 단계가 바로 관조다.

눈으로 보는 행위가 이성(理性) 쪽이라면 생각은 감성(感性) 쪽이다. 관점과 관조의 차이도 여기에 있다. 이성은 언어에 가깝고 감성은 행동에 가깝다. 관점, 이성, 언어를 한쪽에 놓고 그 맞은편에 관조, 감성, 행동을 놓은 뒤 서로를 이어보면, 사물과 인간이 맺는 관계의 수가 대부분 도출될 것이다. 물론 사람에 따라 위치는 얼마든지 바뀔 수 있다.

이 지점에서 우리는 '세상을 어떻게 바라볼 것인가'라는 질문에 보다 진지하게 다가서게 된다. 나와 세상, 나와 타인의 관계를 어떻게 설정할 것인가에 대해서도 마찬가지다.

관점은 관계 설정의 출발점이자 도달점이다. 사물과 사람을 보는 관점에 따라 관계의 출발점이 마련되고, 인식하고 생각하는 관조를 거쳐 행동의 단계로 발전한다. 어떤 형태로든 관계가 끝나면 다시 관점으로 되돌아온다. 그 사이 관점은 대부분 처음과 많이 달라진다. 바야흐로 세상을 올바로 바라볼 수 있게 되는 것이다.

이 부분을 좀 더 생각해보면 이렇다. 관점은 말 그대로 점(point)이다. 그런데 이 점이 관계를 거쳐 되돌아오고 나면 선(line)으로 변해 있다. 수많은 점으로 이어져 있기 때문이다. 우리는 이 선을 따라 사물과 인간의 다양한 모습을 3차원 입체로 재구성하는 지혜를 축적해나간다. 그것이 관계의 본질이며, 흔히들 관계를 '선'에 비유하는 것도 이런 이유 때문이다.

이 장에서 소개하는 이야기들은 대부분 이런 관점에 대한 숙고가 필요한 내용이다. 사물과 인간을 자신의 심성(心性, 또는 心聲)으로 보느냐 그저 사회적 통념으로 보느냐에 따라 놀랍도록 차이가 크다는 걸 확인할 수 있다. 성어들은 일차적으로 보고 생각하고 연계시키는 게 과연 어떤 것인가를 이야기한다. 그리고 입장을 바꿔 생각하는 역지사지의 단계로 나아가게 하는 영감을 던져준다. 그것이 된다면 입체적 사고가 가능하다는 뜻이다. 이 모든 단계에서 가장 중요한 요소는 위치다.

관계 설정은 위치에 대한 인정에서 시작된다. 서로의 위치를 인정하고, 객관적이고 정의로운 마음으로 사물과 인간을 바라본다면 세상이 조금은 밝은 쪽으로 움직이지 않겠는가?

세상을 보는 모든 눈과 판단에는 이성과 감성이 조화를 이룬 마음이 뒤따라야 한다. 하늘을 보려면 고개를 젖혀야 하고, 땅을 보려면 고개를 숙여야 하지 않는가? 이것이 관조의 기본자세이자 '세상을 어떻게 바라볼 것인가'라는 물음에 제대로 답을 얻기 위해 갖추어야 할 최소한의 입장이다.

정의는 반드시 승리할까

대체 하늘의 도라는 것이 정말로 이런 것인지

黨所謂天道 是邪非邪

당 소 위 천 도 시 야 비 야

사마천은 바르고 정의로운 인물들이 정당한 대우를 받기는커녕 박해를 당하거나 불행하게 삶을 마치는 것에 깊은 연민과 안타까움을 표했다. 당소위천도 시야비야는 사마천의 그러한 심정을 절절하게 표현하는 성어다.

사마천은 〈백이열전〉에서 착한 자와 어진 자가 곤경에 처하고 재앙을 만나 허덕이는 현상을 하늘의 도, 즉 '천도(天道)'라는 표현에 빗대어 토로한다.

하늘이 착한 사람에게 보답을 베푼다는 것이 어찌 이 모양인가?
도척은 날마다 죄 없는 사람을 죽이고 사람의 생간을 회로 쳐서
먹었다. 포악하고 잔인하며 오만방자하게 수천 명의 무리를 모아
천하를 휘저으며 돌아다녔으나 오래도록 잘살다가 죽었다. 이자
는 무슨 덕을 추구했기에 그럴 수 있었나?

이는 그런 사례들 중에서 가장 크게 드러나고 명백한 것을 이
야기한 것뿐이다. 최근의 사례를 보더라도 행동을 절제할 줄 모르
고 오로지 남이 싫어하는 나쁜 짓만 골라서 하는데도, 평생을 편
하고 즐겁게 지내며 몇 대에 걸쳐 부귀영화를 누린 자가 있었다.

반면 땅을 가려서 디디고 적당한 때를 기다려 말을 하며, 큰 길
이 아니면 다니지 않고 공정한 일이 아니면 나서지 않았는데도 환
란과 재앙을 만난 사람이 헤아릴 수 없이 많다. 나는 이런 사실에
당혹해하고 있다. 대체 하늘의 도라는 것이 정말로 이런
것인지 어쩐지!

사마천은 공자의 말을 끌어다 "날이 추워진 뒤라야 소나
무와 전나무의 푸르름을 실감하고, 세상이 어지럽고 더
러워져야 깨끗한 선비가 드러나는 것인가"라는 독백을 덧
붙였다.

흔히 일이 잘못되거나 잘 풀리지 않으면 하늘을 탓한다. 그런

데 조금만 더 생각해보면, 그 모든 게 본인이 자초한 일임을 알 수 있다. 대부분 일과 관계를 극단적으로 밀어붙이거나 극한의 상황까지 자신을 몰아간 탓이다. 바로 그 극단과 극한의 지점에서 하늘을 찾는다.

사마천이 말하는 하늘과 하늘의 도는 그것과 좀 다르다. 사회의 구조적인 모순과 갈등 때문에 바르게 살려는 사람들이 핍박받는 부조리한 현상을 꼬집은 것으로 볼 수 있다. 사마천은 개인의 잘못과 구조적인 문제를 나누어 바라본 것이다.

예로부터 힘없는 지식인들이 '협객의 꿈'을 꾸었던 이유도, 신이한 능력을 가진 협객이 되어 이런 불합리하고 공평치 못한 세상을 척결해보고 싶다는 마음 때문이었을 것이다. 당나라 때의 시인 이태백은 이런 바람을 천고문인협객몽(千古文人俠客夢)이라는 멋들어진 말로 표현했다.

정의는 반드시 승리한다거나 선이 악을 물리친다는 말이 공허하게 들리는 세상이다. 그렇더라도 우리는 사물과 인간의 실체 혹은 본질을 통찰하려는 노력을 멈추어서는 안 된다. 그 노력의 과정에 인도(人道)와 천도(天道)의 접합점이 존재하고, 인간의 정당성이 얼마나 개입되었느냐에 따라 하늘의 도를 거론하는 빈도가 결정된다.

――――――― 권61
〈백이열전〉

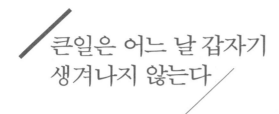

큰일은 어느 날 갑자기
생겨나지 않는다

터럭만큼의 실수가 천 리나 되는 엄청난 잘못을 초래한다

失之毫厘 差以千里
실 지 호 리 차 이 천 리

처음에는 아주 미미한 차이나 착각이었지만 그 결과가 엄청나게 큰 잘못으로 나타날 때 쓰이는 말이 '실지호리 차이천리'다. 이는 《예기(禮記)》의 "단 한 치의 착각이 천 리만큼이나 큰 잘못이 될 수 있으므로 군자는 처음부터 신중해야 한다(군자신시[君子愼始] 차약호리[差若毫厘] 유이천리[繆以千里])"는 대목에서 나온 것으로 보이는데, 사마천은 《역경(易經)》 속 구절을 통해 이 말을 인용했다.

사마천은 《사기》의 마지막 편이자 자서전 성격을 띤 〈태사공

인간의 길

자서〉에서 어지러운 세상을 다스려 바른 길로 돌아가게 할 수 있는 것으로 《춘추(春秋)》보다 가까운 것은 없으며, 모든 일은 어느 날 갑자기 터지는 것이 아니라 잘못이 오랫동안 쌓이고 쌓인 결과라고 지적한다. 다음은 사마천의 말이다.

《춘추》는 글자가 수만 자에 이르는데, 거기에 담긴 대의도 수천 가지에 달합니다. 만사의 성공과 실패, 흥망과 성쇠가 모두 《춘추》에 응집되어 있습니다. 《춘추》에는 시해당한 군주가 36명, 멸망한 나라가 52개나 나오며, 사직을 보존하지 못하고 여러 나라를 떠돈 제후는 수를 헤아릴 수 없을 정도입니다. 그 까닭을 살펴보면 모두가 다스림의 근본을 잃었기 때문입니다.
그래서 《역경》에서는 터럭만큼의 실수가 천 리나 되는 엄청난 잘못을 초래한다고 하였고, '신하가 군주를 시해하고 아들이 아비를 살해하는 일은 결코 하루아침에 일어난 일이 아니라 오랫동안 쌓인 결과다'라고 하였습니다.

동한시대의 역사학자 반고는 《한서》〈사마천전〉에서 차지호리(差之毫厘) 유이천리(謬以千里)라 했는데, 이것도 뜻은 같다. 한순간의 실수나 잘못을 그때그때 바로잡지 못하고 내버려두면 결국 엄청난 화를 입게 된다.

바닷물이 짠지 아닌지는 손가락으로 찍어 맛을 보면 금세 알
수 있다. 그런데 사람들은 바닷물을 모조리 퍼먹을 기세로 달려
들곤 한다. 내가 원하는 맛이 나올 때까지 마시려 하는 것이다.
그 맛은 존재하지 않음에도…….

사람을 판단할 때도 마찬가지다. 그 사람의 인간성이 어떻고
앞으로 어떠할지 뻔히 보이는데, 한사코 실상을 부정하려 한다.
그 까닭은 판단에 사심, 좀 더 솔직히 말하면 사욕이 개입하기
때문이다. 나에게는 유리하겠지, 나에게는 안 그러겠지 하는 요
행심리 또한 작용한다.

사물과 인간에 대한 판단에는 주관과 객관이 섞이기 마련이
다. 이때 어느 쪽으로 치우쳤느냐에 따라 인간미 없는 냉혈한,
모든 것을 자기 생각대로만 처리하는 독단적인 사람, 무조건 인
정에만 호소하는 줏대 없는 사람이 될 수 있다.

이런 문제를 막기 위해 필요한 '제3의 관(觀)'이 '직관'이다.
직관은 주관과 객관의 끊임없는 충돌 혹은 갈등을 겪은 뒤, 이
를 저 밑바닥까지 심화시킨 다음 전체 과정을 성찰하는 훈련으
로 기를 수 있다. 요컨대 직관은 지속적인 학습과 훈련으로 얻어
진다. 경험과 선험의 충돌 및 갈등을 통한 조화라 할 수 있겠다.

〈송미자세가〉에 보면 은나라 말기의 현자였던 기자가 주왕이
귀하디귀한 상아 젓가락으로 식사하는 모습을 보고 은나라의

인간의 길

멸망을 예언한 대목이 나온다.

"그가 상아로 만든 젓가락을 사용했으니 틀림없이 옥으로 만든
잔을 사용할 것이고, 옥으로 만든 잔을 쓴다면 틀림없이 먼 곳의
진기하고 괴이한 물건들을 차지하려 할 것이다. 수레와 말 그리고
궁실도 점점 이렇게 되어 돌이킬 수 없을 것이다."

여기서 나온 고사성어가 견미지저(見微知著)다. 미세한 것을
보고 장차 드러날 것을 안다는 뜻이다. 직관은 이처럼 정확
한 미래 예측으로 발전할 수 있으며, 인간관계 설정에도 매우 중
요한 역할을 한다.

——————— 권130
〈태사공자서〉

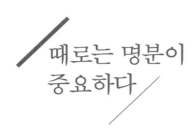

때로는 명분이
중요하다

어진 송나라 양공

宋襄之仁
송 양 지 인

원래《좌전》에서 유래했고《사기》에서도 인용되는 송양지인
은 적에게 지나친 은혜와 정을 베풀다 자신을 망치는 어리석은
행위를 비유하는 성어다.

기원전 7세기 송나라 양공은 홍수에서 초나라 군대와 대치하
게 되었다. 초나라 군대가 강을 건너기 시작하자 공자 목이는 적
의 수가 우리보다 많으니 저들이 강을 다 건너기 전에 공격하자
고 했다. 그러나 양공은 남의 위기를 틈타는 것은 옳지 않다며
그의 의견을 받아들이지 않았다.

목이는 강을 건넌 초나라 군대가 미처 전열을 가다듬지 못한 틈을 타 공격해야 한다고 거듭 건의했다. 하지만 양공은 이번에도 그의 말을 듣지 않았다.

양공은 초나라 군대가 전열을 가다듬은 뒤에야 공격 명령을 내렸다. 결국 수적으로 열세였던 송나라는 크게 패하고 말았다. 전투가 끝난 뒤 목이가 양공의 판단에 대해 시시비비를 따지자 양공은 다음과 같이 말했다.

"군자는 어려움에 빠진 사람을 곤란하게 만들지 않는 법이다. 전열을 갖추지 못한 상태에서는 공격의 북을 울리는 것이 아니다."

그러자 목이는 통렬하게 비난했다.

"전쟁은 승리로 공을 세우는 것입니다. 그런데 공께서는 어찌하여 실제와 거리가 먼 헛소리만 늘어놓으시는 겁니까? 공의 말씀대로라면 차라리 노예가 되어 다른 사람을 섬기는 것이 낫지 뭐하러 전쟁은 한답니까?"

그런데 사마천은 목이와 생각이 달랐던 모양이다. 그는 〈송미자세가〉에서 양공을 두둔했다.

송 양공이 홍수에서 패하긴 했지만 어떤 군자는 매우 칭찬할 만하다고 했다. 당시 중원의 국가들이 예의 없이 행동하는 것을 가슴 아파하면서 양공의 예의와 겸양의 정신을 칭찬한 것이다.

사마천의 두둔이 다소 궁색해 보이지만, 수단과 방법을 가리지 않고 서로를 공격하던 당시 풍조에 대해 한마디 하고 싶었던 듯하다. 송 양공은 누가 뭐라든 '나만이라도 게임의 규칙을 지키고 싶다'는 것이었고, 사마천은 이를 긍정적으로 평가했다. 문제는 그 규칙을 혼자만 지키거나 그것이 '나만의 룰'일 때이다.

명분에 과도하게 집착하면 자칫 대사를 그르칠 수 있다. 반대로 명분을 천시하거나 무시하면 세상에 피해를 줄 수 있다. 명분을 무시한다는 것은 일을 정당하게 처리하지 않을 확률이 높음을 의미하기 때문이다. 비열하고 천박한 사회 풍토에서는 송 양공처럼 명분을 고집하는 줏대 있는 인물이 아쉽기까지 하다.

─────── 권38
〈송미자세가〉

인간의 길

늙지 않고 죽지 않는
생명체는 없다

죽은 나무 썩은 그루터기

枯木朽株
고 목 후 주

'고목후주'는 늙고 쓸모없는 사람 혹은 쇠약한 힘을 비유하는
성어다. 한 무제 때의 문장가 사마상여가 사냥을 좋아하는 황제
를 말리면서, 갑작스럽게 변을 당하면 죽은 나무나 썩은 그루터
기도 피해를 줄 수 있다고 충고한 대목에서 나온다.

"지금 폐하께서는 위험도 마다 않고 맹수를 사냥하러 다니십니
다. 그러다 갑자기 생각지 못했던 곳에서 사나운 맹수를 만나 공
격을 받는다면 수레는 바퀴를 돌릴 겨를이 없고 사람은 재주를 부

릴 틈이 없을 것입니다. 이런 때는 죽은 나무나 썩은 그루터기도 해가 될 수 있습니다.

(……) 만전을 기하여 염려할 것이 없다고 하나 천자가 가까이 할 장소는 아닙니다. 또 길을 쓸어 깨끗이 한 다음에 가고 길을 정비한 뒤에 달린다 하여도, 때로는 말의 재갈이 벗겨져 날뛰는 변고도 있을 법합니다. 더욱이 잡초가 무성한 곳을 지나 높은 곳을 달리고, 짐승을 찾는 즐거움에 눈이 팔려 변고에 대비할 생각의 여유가 없을 수 있으니, 그것이 화가 되리라는 것도 이상한 일은 아닙니다."

사회적으로 말라죽은 나무나 썩은 그루터기 같은 존재는 사회의 효율성을 떨어뜨리는 역기능으로 작용한다. 즉, 사회의 선순환 기능과 신진대사 및 투명성 제고를 생각한다면 고목후주는 분명 제거해야 할 대상이다.

그렇다고 무작정 치우려 한다면 역작용이 일어날 수 있다. 존재조차 인정받지 못할 경우 그 상실감이 세상에 대한 공격으로 변할 것이기 때문이다. 그러나 사회체제가 그들을 적절히 수용한다면 역기능이 순기능으로 전환될 수 있다.

우리 사회가 몸살을 앓고 있는 퇴출 문제도 사회의 순기능과 역기능이라는 변증법적 관계 속에서 파악해야 한다. 고목나무에서 다시 싹이 나길 희망하는 건 기적을 바라는 것과 같다. 하지만 고목나무를 이용해 쓸모 있는 무언가를 만들어내거나 그 자체를 사회교육 자료로 활용한다면 극심한 갈등은 피할 수 있을 것이다.

죽은 나무와 썩은 그루터기를 그냥 내팽개친다면 사마상여의 말대로 유사시에 우리 모두에게 피해를 줄 수 있다. 늙지 않고 죽지 않는 생명체가 어디 있던가?

동시에 우리는 모두 미래의 '고목후주'란 현실을 직시하고, 그때를 대비해 확고한 자기 생각을 마련해둘 필요가 있다. 말 그대로 치워버리지 않으면 안 될 '고목후주'가 되어 젊은 세대와 사회에 부담으로 작용하지 않기 위해서라도 말이다.

—————— **권117**
〈사마상여열전〉

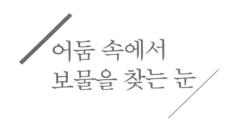

어둠 속에서
보물을 찾는 눈

밝은 구슬을 밤에 던지다

明珠暗投
명 주 암 투

 밝게 빛나는 구슬도 밤길에 느닷없이 나타나면 가슴이 철렁
내려앉는다. 아무리 좋은 것이라도 그것을 얻는 과정과 쓰임새
에 따라 반응이 달라지기 마련이다. 예를 들어, 휘고 구부러져서
아무짝에도 쓸모없어 보이는 나무둥치도 잘 다듬고 꾸미면 귀
한 그릇이 될 수 있다.
 한나라 초기 제나라 임치 출신의 추양은 양나라를 자주 오가
며 여러 인재와 사귀었고, 이따금 양나라 효왕에게 글을 올리기
도 했다.

인간의 길

그런데 양승이란 자가 시기심으로 효왕 앞에서 추양을 중상했다. 화가 난 효왕은 추양을 감옥에 가둔 뒤 죽이려 했다. 남의 나라에서 모략을 당해 죽는 것이 억울했던 추양은 효왕에게 긴 글을 올린다. 명주암투라는 성어는 그 글 속에 등장한다.

　　신은 '어둠 속을 걸어가는 사람에게 명월주와 야광벽을 던졌을 때 칼을 잡고 노려보지 않을 사람이 없는 것은 아무 이유 없이 보물이 눈앞에 나타났기 때문이요, 마구 꼬인 나무뿌리일지라도 전차 만 대를 소유한 큰 나라의 임금이 사용하는 그릇이 될 수 있는 것은 좌우에 있는 사람들이 먼저 다듬고 모양을 꾸미기 때문'이라고 들었습니다.
　　말없이 눈앞에 날아들면 전세(傳世)의 보물인 **수후주**(隨侯珠)와 **야광벽**(夜光璧)도 원한을 사는 원인이 될 뿐 고맙게 생각하지는 않을 것입니다. 그러나 누군가가 미리 소개를 해두면 마른 나무와 썩은 등걸을 바쳐도 그의 공이 잊히지 않습니다.

추양의 말처럼 사물과 인간은 어떤 이유나 인연이 개입되어야 관계를 맺을 수 있다. 인재도 인연을 만나야 그 재능을 마음껏 발휘할 수 있는 것이다.
　우리가 사회의 지도자들에게 지연과 학연을 초월한 편견 없는 사고방식을 요구하는 이유는, 인재들을 제대로 발굴하고 지원해야 할 책임이 그들에게 있기 때문이다. 진흙 속에서 보석을 발굴하지는 못할망정 눈앞에 있는 보석조차 외면해서는 안 된다. 나아가 한밤중에 던져진 보석을 흔쾌히 받아들일 수 있도록 늘 열린 자세를 갖추어야 한다.

춘추시대 최초의 패주로 천하의 제후들을 이끌었던 제나라 환공은 집무실 앞에 밤새 불을 밝혀 인재들이 언제든 찾아올 수 있게 배려했다. 바로 여기서 '뜰 앞을 훤히 밝힌 불빛'이란 고사성어 정료지광(庭燎之光)이 나왔다.

인재들이 자기 능력의 한계를 한탄하게 할지언정 세상을 원망하게 해서는 안 된다. 세상의 모든 보배들이 환하게 빛날 수 있게 또 하나의 '정료지광'을 마련하는 지혜가 어느 때보다 절실하다.

────────── 권83
〈노중련추양열전〉

허세는
텅 빈 내면의 절규

수탉의 깃으로 꾸민 갓과 멧돼지의 가죽으로 만든 주머니

戴鷄佩豚
대 계 패 돈

사마천은 중국 고대 문화를 집대성한 공자의 업적을 누구보다 높이 평가했다. 그래서 공자의 일대기를 열전이 아닌 세가에 편입하는 파격을 선보였다. 또한 공자의 제자들에 관한 기록을 공자의 자(字)를 딴 〈중니제자열전〉에 편입시켰다.

이 기록에 따르면, 공자는 평소 "내 문하에서 열심히 공부해 6예에 능통한 제자가 77명"이라고 자랑했다. 다른 기록에서는 공문(孔門)을 자처하는 제자가 무려 3,000명에 달했다고 한다. 그러니 제자들 성격도 제각각이었을 것이다.

공자가 가장 아꼈던 제자를 들라면 안연과 자공을 꼽을 수 있다. 안연은 대소쿠리에 담은 밥을 먹고 누추한 골목에 산다는 뜻의 단표누항(簞瓢陋巷)이란 고사성어로 잘 알려진 청빈한 삶의 대명사이다. 가난하지만 고고한 삶을 추구한 안연은 깊이 있는 학문으로 스승 공자의 사랑을 받았다. 하지만 서른이 되기 전 머리가 하얗게 세었고, 마흔의 나이로 세상을 떠났다.

그와 대조적으로 자공은 이름난 사업가이자 외교가로 천하를 누볐다. 공자의 명성이 천하에 알려지게 된 건, 자공이 공자를 모시고 다니며 유력자들에게 소개했기 때문이라고 사마천은 말한다.

공자의 수제자들 중에서 가장 독특한 사람을 고르라면 열에 아홉은 자로를 꼽을 것이다. 〈중니제자열전〉의 한 대목을 살펴보자.

자로는 천성이 거칠고 용맹하며 의지가 굳고 곧았다. 그는 수탉의 깃으로 꾸민 갓을 쓰고 멧돼지(또는 수돼지)의 가죽으로 만든 주머니를 차고 다녔다. 한때 그는 공자를 업신여겨 포악한 짓을 하기도 했다. 그러나 공자가 늘 예를 다해 바른 길로 끌어주자, 나중에는 유자(儒者)의 옷을 입고 예물을 올리며 공자의 문인들을 통해 제자가 되길 청했다.

자로는 공자보다 불과 아홉 살 아래였다. 그의 기질은 공자는 물론이고 다른 제자들과 사뭇 달랐다. 수탉의 깃으로 꾸민 갓과 멧돼지의 가죽으로 만든 주머니라는 뜻의 대계패돈은 그런 자로의 외형을 잘 보여주는 성어다. 닭깃을 꽂은 모자를 쓰고, 멧돼지 가죽으로 만든 주머니를 차고 다니는 자로의 모습을 상상해보라.

중국 최초의 진정한 유물주의 학자로 꼽히는 왕충의 저서 《논형(論衡)》에도 "세상은 자로를 의젓하지 못하고 보잘것없는 인물로 평가했다. 공문에 들어가기 전에는 수탉의 깃으로 꾸민 갓에 멧돼지 가죽으로 만든 주머니를 차고 예의 없이 용맹하기만 했다고 한다"라는 대목이 나온다.

수탉이나 멧돼지는 싸우기를 좋아하는 성품을 타고난다고 한다. 사람 중에도 그런 이들이 있고, 그들을 형용하는 성어로 흔히 '대계패돈'이 입에 오르내린다.

인간의 어리석음을 동물에 비유한 고사성어로는, 천하의 요충지인 관중을 팽개친 채 자신의 고향과 가까운 팽성에 도읍을 정하려던 항우에 대해 관을 쓴 원숭이라고 비아냥거린 목후이관(沐猴而冠)이란 표현이 눈길을 끈다. 보기에는 그럴 듯하지만 행동이나 생각은 누가 뭐래도 원숭이란 의미다(〈항우본기〉).

진짜 용기는 내면에서 나오지 겉모양에서 나오지 않는다. 속된 말로 '폼만 잡으며' 약자를 괴롭히는 삼류 건달이나 깡패들의 거들먹거림은 만용이자 비겁에 지나지 않는다. 자로는 스승 공자에게 늘 이 점을 지적받곤 했다. 앞뒤 돌아보지 않는 조급한 성격 때문에 그는 결국 비명횡사했다.

물론 자로에게 장점이 없었던 것은 아니다. 다른 사람의 충고를 잘 받아들였을 뿐만 아니라 지적사항을 고치려 애썼다. 어쨌든 지나친 자기과시는 자학이자 가학이라는 정신병리 현상에 가깝다는 사실을 우리는 잊지 말아야 한다.

———— 권67
〈중니제자열전〉

인간의 길

오만과 편견에서 벗어나 세상 바라보기

대야를 이고 하늘을 올려다본다

戴盆望天
대 분 망 천

정저지와(井底之蛙)라는 풍자적인 고사성어는 우리에게 익숙한 우물 안 개구리란 의미를 갖는다. 흔히 정중지와(井中之蛙)로 쓰기도 하는데,《장자(莊子)》〈추수(秋水)〉편에 등장한다. 장자는 우물 안에 갇혀 있는 개구리는 결코 바다를 말할 수 없다고 했다.

사마천 역시 그와 의미가 비슷한 대분망천이란 고사성어를 거론했다. 대야를 이고 하늘을 올려다본다는 뜻인데, 중국 최고의 문장으로 평가받는 〈보임안서〉에 등장한다.

일의 시작과 끝은 쉽게 밝혀지는 것이 아닙니다. 저는 젊어서 어떤 것에도 얽매이지 않는 정신세계에 자부심을 느꼈지만, 자랄 때 고향 마을에서는 어떠한 칭찬도 들은 바 없습니다. 그런데 요행히 주상께서 선친을 봐서 제 보잘것없는 재주로나마 궁궐을 드나들 수 있게 하셨습니다.

대야를 머리에 인 채 하늘을 볼 수 없기에, 빈객과의 사귐도 끊고 집안일도 돌보지 않으며 밤낮없이 미미한 재능이나마 오로지 한마음으로 직무에 최선을 다해 주상의 눈에 들고자 하였습니다. 그러나 일은 제 뜻과 달리 크게 잘못되고 말았습니다!

대분망천은 곰곰이 새길수록 깊은 속맛이 느껴지는 성어다. '서로 대립되거나 모순적인 몇 가지 일을 동시에 돌볼 수는 없다'는 이치를 지적하고 있기 때문이다. 대야를 머리에 인 채, 다시 말해 편견과 오만이 가득 찬 마음으로 사물의 본질을 바라보려는 어리석은 태도를 비꼬는 명언이기도 하다.

사실 '대분망천'은 사마천의 통렬한 자기반성이자 고백이다. 공무에 쫓겨 친구들과의 만남을 끊고 집안 식구들도 제대로 돌보지 못한 채 오로지 일에만 매달려온 그가 일과 자신에게 갇혀 지칠 대로 지친 자화상을 발견한 것이다. 더욱이 그 모든 것이 황제의 눈에 들기 위한 가증스러운 행동이었다.

인간의 길

사마천의 자기 발견은 궁형이라는 치욕스러운 형벌을 자청한 뒤라 더욱 생생하고 안타까울 수밖에 없다. 궁형을 계기로 그는 머리에서 대야를 내려놓고 세상과 인간을 다시 바라보았다. 그리하여 결국 《사기》를 완성했고, '지인논세(知人論世)'의 경지를 터득했다. 내려놓음으로써 세상과 인간의 본질을 깊이 통찰한 것은 물론, 영원하고 완전한 정신의 자유를 얻은 것이다.

편견과 오만에 빠져 사물과 사람을 대하면 실체를 제대로 보지 못하며, 자신이 원하는 바를 온전히 이룰 수 없다. 한편, 주위를 둘러보지 않고 오로지 한 방향으로만 매진하는 행동 역시 바람직하지 않다. 그 매진이 누군가의 비위를 맞추기 위한 것이라면 더욱 그러하다.

《한서》〈사마천열전〉

멈출 줄 아는
지혜

도는 높을수록 편안하다

道高益安
도 고 익 안

'행복은 만족에 있다'는 서양 속담이 있다. 그럴듯하게 들리지만 이 말은 만족의 정도가 어느 선이냐는 문제를 안고 있다. 욕구를 충족시켜야 행복할 수 있다는 서양식 논리를 깔고 있기 때문이다.

동양인의 사고방식은 좀 다르다. 그래서인지 어떤 사람은 이 서양 속담을 '행복은 만족해 두는 데 있다'고 번역하기도 한다. '만족해한다'는 것은 만족에 브레이크가 있다는 의미다. 이는 어느 선에서 만족에 대한 욕구를 멈춘다는 뜻이고, 그럴 수 있어야 행복

인간의 길

할 수 있다는 얘기다. 서양 속담을 동양의 사유로 풀이한 셈이다.

유방을 도와 천하를 재통일하는 데 가장 큰 공을 세운 세 인물을 흔히 서한삼걸(西漢三杰)이라 부르는데, 한신·소하·장량이 그 주인공이다.

한신은 너무도 유명한 고사성어인 '토사구팽'으로 삶을 마감했다. 소하는 재상이 되긴 했지만, 평생 권력자의 눈치를 보며 전전긍긍하며 살았다. 반면 장량은 절정의 순간 자리와 부는 물론 명예까지 버리고 떠남으로써 여생을 유유자적(悠悠自適)하게 보냈다. 장량의 사당에는 그런 삶을 함축적으로 보여주는 두 글자가 바위에 새겨져 있다. 바로 '멈출 줄 안다' 또는 '그칠 줄 알아야 한다'는 의미의 지지(知止)다.

어떻게 사는 것이 편안하게 사는 걸까? 지금 같은 세상에서는 열이면 열 사나운 목소리로 돈을 이야기할 것이다. 하지만 과연 그럴까? 도는 높을수록 편안하고, 권세는 높을수록 위태롭다(도고익안[道高益安] 세고익위[勢高益危])는 의미심장한 구절이, 한나라 초기 중대부 송충과 박사 가의가 점쟁이 사마계주의 말을 들은 뒤 나눈 대화에 나온다. 다음은 가의의 말이다.

"도는 높을수록 편안하고, 권세는 높을수록 위태롭구나. 빛나는 권세를 좇다 보면 몸을 망치는 것은 시간문제다. 대저 점쟁이는 점을 잘 치지 못해도 복채를 빼앗기는 일이 없으나, 임금을 위해 일을 잘 못하면 몸 둘 곳이 없어지지 않는가? 이 차이는 머리에 쓰는 관과 발에 신는 신발의 거리만큼이나 크다. 이것이 바로 노자가 말한 '이름을 붙일 수 없는 무명(無名)의 상태에서 만물이 비롯된다'는 것이구나.

천지는 넓고 만물은 가지각색이지만, 편안하기도 하고 위태롭기도 하여 처할 바를 알지 못하겠구나. 나와 그대가 어찌 그 점쟁이의 처세를 따를 수 있겠는가? 그는 갈수록 더욱 몸이 편해질 테니……."

약 2,000년 전 의식 있는 지식인들이 내린 현실 진단이다. 그들은 '빛나는 권세를 좇다 보면 몸을 망치는 것은 시간문제'라는 극언도 서슴지 않는다.

문제는 도대체 '도'란 무엇인가 하는 점이다. '분수를 아는 것', 혹시 이것이 '도'가 아닐까? '분수(分數)'는 수를 나눈다, 수를 헤아린다는 뜻으로, 여기에는 헤아려 나눌 줄 알아야 한다는 의미가 담겨 있다.

'분수'를 아는 것, 즉 자기가 가진 것을 나눌 줄 아는 경지가 바로 '도고익안'의 경지다. 도가 높을수록 자세는 한없이 낮아진다. 그리고 자세가 낮을수록 몸과 마음은 한결 편해진다.

_____ **권127**
〈일자열전〉

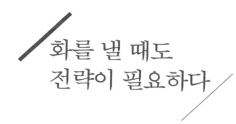

화를 낼 때도
전략이 필요하다

머리카락이 곤두서고 눈꼬리는 찢어질 대로 찢어지다

發 指 目 裂
발 지 목 렬

　우리는 화가 많이 난 모습이나 상태를 '불같이 화를 낸다'거나 '화가 머리 꼭대기까지 뻗쳤다'는 식으로 표현한다. 같은 의미의 성어로 분기탱천(憤氣撑天)이 있는데, 하늘을 찌를 정도로 화가 났다는 뜻이다.

　《사기》에 머리카락이 곤두서고 눈꼬리는 찢어질 대로 찢어지다라는 뜻의 발지목렬이란 성어가 나온다. 얼마나 화가 나면 머리카락이 삐죽삐죽 서고, 치켜 올라간 눈꼬리가 찢어질 정도일까? 이 성어는 당당한 모습을 표현할 때도 인용 가능하다.

흥분한 모습을 실감나게 표현한 이 성어는 유방이 죽음 직전 가까스로 살아나온 '홍문의 만찬', 즉 '홍문지연(鴻門之宴)'에서 나왔다. 이와 비슷하게 곤두선 머리털이 모자를 뚫고 나올 기세라는 뜻의 노발충관(怒髮衝冠)이란 성어도 있다(권81 〈염파인상여열전〉).

봉기 초반 절대적으로 열세였던 유방은 막강한 전력을 가진 항우의 명령에 따르지 않을 수 없었다. 그런데 봉기군의 가장 큰 목표였던 진나라 수도 함양에 항우보다 유방이 먼저 입성했다.

초 회왕이 '맨 먼저 관중(함양은 관중 지역에 속한다)에 들어간 사람을 관중왕으로 삼겠다'고 약속했던 터라 항우는 자존심에 큰 상처를 입었다. 자기보다 약하고 못한 유방에게 관중의 왕 자리를 빼앗기자니 속이 쓰렸던 것이다.

항우는 다른 장수들을 거느리고 파상이란 곳에 대군을 주둔시켰다. 유방을 단숨에 공격하려는 기세였다. 항우의 책사 범증은 이참에 유방을 죽이라고 조언했다.

이때 유방의 참모 장량과 친분이 있던 항우의 숙부 항백은 몰래 유방 진영을 찾아가 항우의 의도를 알리고 대비책을 강구토록 했다. 유방은 장량 등의 건의에 따라 항우에게 가서 싹싹 빌기로 했다. 전력 면에서 도저히 항우를 당해낼 수 없었기 때문이다. 이렇게 해서 중국 역사상 최고의 명장면이자 가장 유명한 술 자리로 평가받는 '홍문의 만찬'이 벌어졌다.

하지만 항우는 망설였다. 이에 범증은 항장에게 검무를 추다 가 유방을 죽이라고 일렀다. 항장은 자청해 검무를 추면서 기회 를 노렸다. 하지만 유방에게 포섭된 항백이 함께 검무를 추며 유 방을 보호했다. 상황은 점점 험악하게 흘러갔다.

장량에게 위급한 상황을 전해들은 번쾌는 검과 방패를 들고 항우의 진영으로 달려갔다. 수비병들을 방패로 내리쳐 쓰러뜨 린 뒤 장막을 젖히고 들어선 그는 항우를 사납게 노려보았다. 그 때 그의 머리카락은 위로 곤두서고 눈꼬리는 찢어질 대로 찢어져 있었다고 한다.

번쾌는 유방의 공을 치하는 못할망정 이렇게 대접할 수 있느 냐며 항의했다. 그러자 항우는 유방을 죽이려는 생각을 완전히 단념했다. 번쾌의 정면돌파로 시간을 번 유방은 변소에 다녀온 다며 항우의 막사를 빠져나왔다. 그리고 나머지 뒷일은 장량이 수습했다.

현명한 사람은 화도 때와 장소를 가려가며 전략적으로 낸다 고 한다. 아마추어는 저질러 놓고 생각하고, 프로는 생각한 다 음 행동한다. 하지만 진정한 고수는 생각과 행동을 동시에 한다. '발지목렬'의 기세로 연회장을 박차고 들어간 번쾌는 상황을 정확히 판단하고 항우를 논리적으로 압박했다. 홍문연의 이 명장면은 개고기를 팔던 개장수 번쾌의 새로운 면모를 발견할 수 있게 한다. 번쾌야말로 진정한 고수였던 것이다.

　더욱이 누군가의 목숨이 위태로운 절체절명의 상황이었다는 사실을 감안할 때 고수의 진면목은 과연 어떠해야 하는지를 곰곰이 생각해보게 한다.

———————— **권7**
〈항우본기〉

인간관계의 깊이는
시간에 비례하지 않는다

머리가 하얗게 셀 때까지 사귀었는데도
처음 만난 사람처럼 낯설다

白頭如新
백 두 여 신

한나라 초기, 제나라 출신의 지식인 추양은 양 효왕의 문객이
되었다. 그런데 그의 재능을 시기한 양승 등이 효왕에게 추양을
모함했다. 자초지종을 캐지 않고 화부터 낸 효왕은 추양을 옥리
에게 넘겨 죽이려 했다.

오명을 쓰고 죽을 수 없었던 추양은 효왕에게 편지를 썼다. 바
로 〈옥중상양왕서(獄中上梁王書)〉이다.

속담에 머리가 하얗게 셀 때까지 사귀었는데도 처음

만난 사람처럼 낯선가 하면(백두여신[白頭如新]), 길에서 우연히 만나 양산을 기울인 채 잠시 이야기하고도 오래된 사람 같은 경우가 있다(경개여고[傾蓋如故])는 말이 있습니다. 이런 말이 나오게 된 것은 한 사람을 잘 아느냐 모르느냐의 차이 때문입니다.

이 편지에서 추양은 충신과 간신, 어리석은 군주와 현명한 군주의 언행을 비교하며, 의로운 인재를 알아보지 못하고 자신을 죽이려는 효왕의 잘못을 절묘하게 꼬집는다. 또한 죽음을 앞두고 비굴하게 애원하는 대신 당당한 어조로 인간관계의 모순과 묘미를 언급하며, 사람을 아는 일이 얼마나 어렵고 중요한지 설득력 넘치는 문장으로 피력했다. 이 글에 감동한 효왕은 추양을 풀어주고 더욱 우대했다.

우리나라 속담에 '열 길 물속은 알아도 한 길 사람 속은 모른다'는 말이 있다. 이는 사람을 제대로 알고 이해하기가 얼마나 어려운가를 여실히 드러낸다.

오랫동안 잘 지내던 사람이 어느 날 갑자기 낯설게 느껴진 적 있는가? 반면에 별로 친하지 않거나 만난 지 얼마 안 되었는데, 느닷없이 오래된 친구나 연인처럼 느껴진 적은 없는가?

사마상여와 탁문군은 첫눈에 반해 그날 밤 야반도주했다. 한

인간의 길

편, 수십 년을 함께 살고도 서로에 대해 잘 모르겠다며, 또 성격이 너무 다르다며 헤어지는 경우도 많다. 심지어 목숨을 내놓아도 아깝지 않았던 사이가 원수처럼 변질된 사례도 있다.

　인간관계의 깊이는 시간에 비례하지 않는다는 것을 갈수록 절감하게 된다. 그런 점에서 '백두여신'과 '경개여고'는 관계의 정도가 결코 시간의 양에 비례하지 않음을 전하는 명언이 아닐 수 없다.

─────── 권83
〈노중련추양열전〉

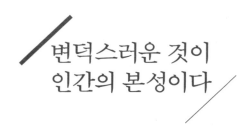

변덕스러운 것이
인간의 본성이다

먹다 남은 복숭아

食餘桃
식 여 도

　이랬다저랬다 죽 끓듯 변하는 것이 사람 마음이다. 좋을 땐 상
대의 언행이 다 예뻐 보이지만, 한 번 미운털이 박히면 다 못마
땅해 보인다. '며느리가 미우면 발뒤꿈치도 미워 보인다'는 말이
이런 심리를 단적으로 보여준다.
　《사기》〈노자한비열전〉에 실린 먹다 남은 복숭아 이야기는
인간의 마음이 얼마나 변덕스러운가에 대한 성찰의 기회를 제
공해 주는 우화다. 나아가 한 인간에 대한 평가와 애증의 변질이
얼마나 무상한가를 깨닫게 한다.

116　　　　　　　　　　　　　　　　　　　　　　　　인간의 길

미모로 위나라 군주의 사랑을 독차지하던 미자하라는 소년이 있었다.(《사기》에 나오는 동성애 사례 중 하나다.)

어느 날 미자하가 왕과 함께 과수원을 거닐다 복숭아를 하나 따 먹었는데 맛이 달았다. 미자하는 한 입 베어 먹은 복숭아를 왕에게 건넸다. 왕은 매우 기뻐하며 "나를 몹시 사랑하는구나! 자신의 입맛은 잊고 나를 생각하다니"라며 미자하를 칭찬했다.

어느 날 미자하가 임금의 수레를 타고 몰래 궁을 빠져나가 병든 어머니를 만나고 돌아왔다. 국법에 따르면, 임금의 수레를 맘대로 타는 자는 다리를 자르는 형벌에 처해졌다. 하지만 보고를 받은 왕은 "효자로다! 어머니를 위해 다리가 잘리는 형벌을 감수하다니"라며 되려 미자하를 칭찬했다.

세월이 흘러 미자하의 용모가 시들어가자 왕의 애정도 점점 시들해졌다. 그러던 어느 날 미자하가 어떤 잘못을 범했다. 그러자 왕은 "너는 그 옛날 내 수레를 멋대로 타고, 먹다 남은 복숭아를 내게 주었지"라며 미자하를 나무랐다.

이 이야기의 출전은 《한비자(韓非子)》 〈세난(說難)〉 편이다. 여기서 한비자는 변덕스러운 인간의 애증을 다음과 같이 비꼬았다.

미자하의 행동은 처음이나 나중이나 달라진 것이 없었다. 그런데 처음에는 칭찬을 듣고 나중에는 죄가 되었으니 무슨 까닭인가? 그것은 사랑이 미움으로 변했기 때문이다.

귀여움을 받고 있을 땐 하는 언행 모두가 왕의 마음에 들고 더 가까워지지만, 일단 미움을 사면 아무리 지혜를 짜내 말해도 왕의 귀에는 옳은 말로 들리지 않을뿐더러 더욱 멀어진다. 그러므로 말을 올리거나 논의를 펼칠 때는 군주의 애증을 미리 살핀 다음 행하지 않으면 안 된다.

한비자는 이 우화를 통해 군신관계의 비정함을 밝히려 했다. 하지만 지금은 미묘한 인간관계 묘사에 자주 인용된다.

진시황의 생부로 알려진 여불위는 자신이 후원하는 자초(진시황의 법적 아버지. 후에 장양왕으로 즉위함)를 당시 실세이던 화양부인의 양자로 들여보내고 싶어했다. 그러기 위해 그는 화양부인의 언니를 상대로 로비를 펼쳤다.

이때 여불위는 사람의 마음은 언제든 변할 수 있으며, 특히 미모로 사랑받던 사람은 그 미모가 시들면 사랑도 시드는 법(이색사인자[以色事人者] 색쇠이애이[色衰而愛弛])이라는 유명한 말을 남겼다. 여불위는 이 말로 화양부인의 마음을 사로잡아 목적을 이루었다. 그는 인간 특유의 '애증의 변화', 즉 변덕에 초점을 맞추어 자신의 정치적 도박을 성공시켰던 것이다.

애증의 변화는 무상하다. 이는 마치 경제적으로 여유가 생기

인간의 길

면 즐겨 먹던 음식이 바뀌는 것과 흡사하다. 음식맛이 변한 게
아니라 더 맛있는 음식에 익숙해진 것뿐이다.

　마찬가지로 애증이라는 감정은 지극히 주관적이기에 언제든
지 바뀔 수 있다. 인간관계를 무던하게 오래 지속하려면, 겉으로
드러나는 감정이 아니라 그 이면에 숨어 있는 인간의 본성을 감
지하고 이해할 수 있어야 한다.

──────── **권63**
〈노자한비열전〉

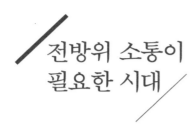

전방위 소통이
필요한 시대

야랑이 스스로를 크다고 여긴다

夜郎自大
야 랑 자 대

《사기》〈서남이열전〉에 야랑이란 나라가 나온다. 당시 한나라는 흉노와 더불어 천하를 양분하고 있었다. 한나라가 흉노를 상대하느라 서남 지방에 신경쓰지 못하는 사이, 야랑 등 소수민족이 각각 왕이라 칭하며 독립을 선언했다. 특히 야랑의 수령 다동은 자신을 야랑후라 부르며 야랑을 천하의 대국으로 여겼다.

어느 날 영내를 순시하던 다동이 부하에게 물었다.

"이 세상에서 어느 나라가 제일 큰가?"

"야랑이 제일 크옵니다."

120   인간의 길

다동이 앞에 있는 높은 산을 가리키며 물었다.

"천하에 이보다 높은 산이 있는가?"

"이보다 높은 산은 없사옵니다."

강가에 이른 다동이 또 물었다.

"이 강이 세상에서 가장 긴 강이겠지?"

"물론이지요."

그 후 다동은 자신이 세상에서 가장 위대하다고 생각했다.

어느 날 한 무제의 사자가 인도로 가던 중 야랑을 지나게 되었다. 다동이 사자에게 물었다.

"한과 야랑 중 어느 나라가 더 큰가?"

한나라의 사자는 어이없다는 듯 대답했다.

"한나라에는 수십 개의 군이 있는데, 야랑은 그중 한 군만도 못합니다."

기가 질린 다동은 벌어진 입을 다물지 못했다.

오늘날의 귀주성 서부에 있던 '야랑'은 스스로를 세상에서 가장 크고 강한 나라로 여겼다. 자신의 힘 따위를 스스로 과대평가하는 것을 두고 야랑자대라고 말하는 이유가 여기에 있다. 앞서 소개한 '정저지와'와 판박이라 할 수 있는 고사성어다.

사마천은 작은 나라 야랑이 큰 나라라고 착각한 이유를 "길이 통하지 않아 제 스스로를 크다고 여겼고, 한나라가 얼마나 큰

나라인지 몰랐다"고 말했다. 요컨대 교통과 소통의 문제를 지적한 것이다.

소통할 줄 모르는 사람에게 나타나는 공통된 증상이 '과대망상증(대두증[大頭症]이라 부르기도 한다)'이다. 이들은 자기가 좋아하고 자기를 좋아하는 사람들과만 소통한다.

이런 소통은 소통하지 않는 것보다 위험하다. 양자 소통 내지 소수 특정인과의 소통은 자신이 진짜로 소통하고 있다는 착각을 불러일으킨다. 이러한 사람들이 나라일을 도모하면 큰 문제가 일어난다. 다수의 백성은 팽개친 채 자기 자신과 친한 소수의 이익만 대변하기 때문이다.

지금은 쌍방 소통이나 소수 소통을 넘어 전방위 소통을 해야 자신의 장단점과 그릇의 크기를 가늠할 수 있는 세상이다. 세상과 인간을 바르게 인식하려면 고개를 들어 넓고 멀리 내다봐야 한다.

_____ **권116**
〈서남이열전〉

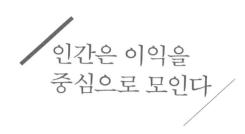

인간은 이익을
중심으로 모인다

좌우에서 함께 손을 잡고 돕다

左提右挈
좌 제 우 설

중국사 최초의 통일제국 진나라 말기의 일이다. 각지에서 일
어난 봉기군의 우두머리 중 하나였던 장이와 진여가 조왕과 함
께 연나라를 공략하는 중이었다. 그런데 조왕이 연왕에게 포로
로 붙잡히는 돌발사태가 발생했다.

연나라는 조왕을 인질 삼아 조나라 땅의 절반을 요구했고, 장
이와 진여는 마땅한 해결책을 찾지 못했다. 그때 말을 기르던 잡
역부가 조왕을 구해오겠노라고 나섰다. 이미 열 명이 넘는 사신
을 보냈지만 모두 불귀의 객이 되었던 터라, 사람들은 그 말에

콧방귀조차 뀌지 않았다. 하지만 마구간지기는 보란 듯이 조왕을 구해 사람들의 비웃음을 놀라움으로 바꾸었다.

도대체 그는 어떻게 조왕을 구한 것일까? 어떤 논리로 그토록 완강했던 연왕을 설득했을까?

마구간지기의 논리는 당시 천하 형세는 물론이고 인간의 이기심과 욕망까지 정확하게 꿰뚫는다. 그리하여 혹시 식견 높은 은자(隱者)가 마구간지기로 변장한 건 아닌가 하는 의심마저 들 정도이다.

"마침 왕께서 조왕을 포로로 잡았는데, 이 두 사람(장이와 진여)은 말로만 조왕을 찾을 뿐 사실은 연나라가 죽여주기를 은근히 바랄 것입니다. 그렇게 되면 조나라를 둘로 나누어 그들이 왕이 될 수 있으니까요.

이 경우 조나라는 연나라를 가볍게 여길 것이 뻔하고, 더욱이 두 사람이 좌우에서 함께 손을 잡고 조왕을 죽인 죄를 추궁할 경우 연나라의 멸망은 불을 보듯 훤한 것 아닐까요?"

이처럼 마구간지기는 조나라의 실세 장이와 진여, 그리고 조나라(조왕)와 연나라(연왕)가 처한 상황을 각자의 이해관계에 따라 정확하게 분석했다. 아울러 좌우에서 함께 손을 잡는 것 역시

인간의 길

이해관계에 따른 것임을 명확히 밝혔다.

인간은 이익을 놓고 이합집산을 거듭한다. '이(利)'란 무엇인가? '禾(벼, 재물)'와 '刂', 즉 '刀(칼)'의 복합어가 아닌가? 이는 재물을 칼로 나눈다는 뜻도 되지만, 재물을 두고 싸운다는 의미도 된다. 인정하긴 싫지만 후자 쪽이 훨씬 현실에 가까운 해석일 것이다.

그래서일까? 서양의 어떤 사회학자는 인간사회를 '이익집단'이라고 표현했다. 더욱이 권력을 놓고 다툴 때 '이익'을 향한 세력 간의 이합집산은 그야말로 가관이다. 이익이 된다면 적이든 악이든 상관하지 않고 손을 잡는 현상이 다반사로 벌어진다.

대부분의 이해관계는 자기에게 유리한가 그렇지 않은가로 평가된다. 물질이나 천박한 이해관계로는 충족시킬 수 없는 어떤 가치를 등가로 교환하려면 물질과 가치에 대한 인정이 전제되어야 한다. 그것이 진정한 이해관계 아닐까?

어쩌면 인간의 진짜 본성은 선도 악도 아닌 '이기(利己)'가 아닐는지?

———— 권89
〈장이진여열전〉

사물의 핵심을 꿰뚫어보려면 훈련이 필요하다

오장육부 속에 뭉친 병 덩어리를 꿰뚫어보다

洞見症結
통 견 증 결

엉켜 있거나 풀기 어려운 문제의 핵심을 꿰뚫어보는 것을 통견증결이란 성어로 비유한다. '통견(洞見)'은 통찰과 같은 뜻이고, '증결(症結)'은 속에 뭉친 병이나 증상을 뜻한다. 이는 의학 용어인데, 한 번의 침으로 피를 본다는 일침견혈(一針見血)과 비슷한 성어다.

전국시대 초기의 명의 편작은 훗날 삼국시대의 화타와 함께 신의(神醫)로 이름을 남겼다. 죽은 사람도 살려낸다고 알려진 편작이 의사로 평생을 보내게 된 데는 장상군이라는 신비한 인물과의 인연이 숨어 있다. 장상군은 종종 편작의 객사에 머물렀는데, 편작은 그를 기인으로 여겨 시종 공경했다. 장상군 또한 편작이 보통 사람이 아닌 걸 알았다.

어느 날 장상군이 편작을 불러 조용히 말했다.

"나는 비밀스럽게 전해오는 의술을 알고 있소. 하지만 내 나이가 많아 이제 그대에게 전해줄 생각이오. 다른 사람에게 알려지지 않도록 주의하시오."

편작이 그러겠다고 대답하자, 장상군은 품에서 약을 꺼내며 말했다.

"이것은 이슬과 함께 먹어야 하오. 복용한 지 30일이 지나면 반드시 사물을 꿰뚫어볼 수 있을 거요."

비밀스럽게 전해오던 의서를 전부 편작에게 건넨 장상군은 홀연히 자취를 감추었다. 편작은 30일 동안 약을 복용했고, 장상군의 말대로 "담장 저 편에 있는 사람을 볼 수 있고, 아픈 사람을 만나면 오장육부에 뭉친 병 덩어리를 꿰뚫어볼 수 있게 되었다."

하지만 편작의 의술은 이처럼 믿기 어려운 신이한 체험만으로 얻어진 것이 결코 아니다. 그는 병과 의술의 관계를 정확히 꿰뚫었다. 아무리 용한 의사라도 고칠 수 없는 불치병 여섯 가지를 다음과 같이 제시했는데, 하나하나가 우리의 폐부를 찌른다.

성인이 병의 징후를 예견하여 명의가 일찌감치 치료한다면 어떤 병도 고칠 수 있고 몸도 구할 수 있다. 사람들은 병이 많음을 걱정하고, 의원은 치료법이 적음을 걱정한다. 그래서인지 여섯 가지 불치병이 있다고들 한다.

첫째는 교만하여 도리를 무시하는 불치병이다.

둘째는 몸(건강)은 생각지 않고 재물만 중요하게 여기는 불치병이다.

셋째는 먹고 입는 것을 적절히 조절치 못하는 불치병이다.

넷째는 음양이 오장과 함께 뒤섞여 기를 안정시키지 못하는 불치병이다.

다섯째는 몸이 극도로 쇠약해져 약도 받아들이지 못하는 불치병이다.

여섯째는 무당의 말을 믿고 의원을 믿지 않는 불치병이다.

이런 것들 중 하나라도 있으면 병은 좀처럼 낫기 어렵다.

'통견증결'은 원래 용한 의사의 뛰어난 진단을 가리키는 말로 사용되었다. 하지만 시간이 흐르면서 어려운 문제의 핵심을 꿰뚫어보는 능력을 가리키는 말로 적용범위가 넓어졌다.

사물의 핵심을 꿰뚫어보는 능력은 드물게 타고나는 경우도 있으나, 보통은 지루하리만큼 오랜 훈련 끝에 얻는다. '생명의 신

인간의 길

비'를 훔치는 의사 같은 직업의 경우 더욱 그렇다. 그렇게 얻은 능력을 인류를 위해 베풀 때 위대한 신의가 탄생하는 것이다.

━━━━━ **권105**
〈편작창공열전〉

사람을 귀하게 여겨야
인재를 얻는다

목욕하다 머리카락을 세 번 움켜쥐고,
밥을 먹다 세 번이나 뱉다

一沐三捉 一飯三吐
일 목 삼 착 일 반 삼 토

주 무왕의 동생 주공 희단은 무왕의 믿음직한 조력자로서 주왕조의 기초를 다지는 데 결정적인 공을 세웠다. 무왕이 죽고 그의 아들 성왕이 즉위하자, 주공은 조카를 보좌하며 국정을 주도했다. 훗날 공자는 꿈에 주공이 보이지 않으면 몹시 안타까워할 정도로 그를 사모하고 추앙했다고 한다.

사마천은 역사를 앞장서 끌고간 인물과 그들의 행동에 중점을 두고 《사기》를 편찬했다. 그러다 보니 복잡 미묘한 인간관계를 심사숙고하게 만드는 일화가 적지 않다. 그중에서 몇몇 사람의 관계는 일상적 틀을 벗어나 있지만, 그 자체로 대단히 흥미롭고 의미심장하다. 또한 조직이나 기업을 운영하는 사람들의 생활과 경영방식에 영감을 줄 만한 요소가 충분하다.

주공은 천하의 인재들을 얻기 위해 매우 애썼다. 목욕하는 도중 손님이 찾아오면 씻다 만 머리카락을 움켜쥔 채 허둥지둥 손님을 맞이하길 세 번이나 했고, 밥을 먹는데 손님이 찾아오면 먹던 것을 뱉고 손님을 맞이하길 세 번이나 했다고 한다. 일목삼착 일반삼토는 유능한 인재를 찾기가 쉽지 않음을 비유하는 유명한 명언이자 성어다.

주공은 아들 백금이 부임지인 노나라로 떠나려 할 때 이렇게 말한다.

"나는 문왕의 아들이자 무왕의 동생이며 지금의 왕인 성왕의 숙부다. 어느 모로 보나 천하에 결코 천한 사람이 아니다. 그러나 나는 목욕하다 머리카락을 세 번 움켜쥐고, 밥을 먹다 세 번 뱉어내면서까지 인재를 우대했다. 오로지 천하의 현자를 잃을까 봐 걱정되어서였다. 노나라에 가더라도 결코 사람들에게 교만하지 않도록 신중해야 할 것이다!"

〈노주공세가〉의 정확한 원문은 일목삼착발(一沐三捉發) 일반삼토포(一飯三吐哺)인데, 훗날 여기에서 많은 파생어가 나왔다. 줄여서 삼착삼토(三捉三吐)나 착발토포(捉髮吐哺)로 쓰기도 한다.

역사에 조예가 깊고 문장에 능했던 삼국시대 위나라의 실권자 조조는 이 고사에서 느낀 바가 있었다. 그리하여 〈단가행(短歌行)〉이란 시에서 "주공이 먹던 것을 세 번 뱉자 천하의 인심이 그에게로 돌아갔다(주공토포[周公吐哺] 천하귀심[天下歸心])"는 구절을 남겼다. 심지어 열 번 밥을 먹다가 열 번 뱉어냈다는 십반십토(十飯十吐)까지 나올 정도였다. 어쨌거나 이 성어의 요지는 아무리 바쁘더라도 사람 대접에 소홀하지 말라는 것이다.

주공의 아버지인 주 문왕도 인재들을 접대하느라 해가 중천에 뜰 때까지 식사를 하지 못했다는 뜻의 일중불가식이대사(日中不暇食以待士)라는 유명한 일화를 남겼다. 한순간의 소홀함 때문에 현자를 놓치는 일이 흔하기 때문이다.

주공이 하루에 70여 명의 손님을 접대했다는 전설 같은 이야기가 있고 보면, 그가 인간관계를 얼마나 중요하게 생각했는지 알 수 있다.

인간관계가 '도'를 벗어나면 큰 문제지만, '도'의 경계를 적절하게 넘나든 문왕이나 주공 같은 감수성을 지닌 이라면 자신이

인간의 길

갈망하는 인재를 충분히 얻을 것이다. 나아가 우리는 내게 필요한 사람만이 아니라 내가 상대에게 필요한 존재인지도 고민하며 살아가야 할 것이다.

―――――――― 권33
〈노주공세가〉

세상이 인재에게 요구하는
가장 기본적인 조건

덕행을 갈고닦아 공명을 세운다

砥行立名
지 행 입 명

　백이와 숙제는 현인들이었지만 공자의 칭송을 받고서야 비로소 그 이름이 더욱 드러났다. 안연은 배우기를 남달리 좋아했지만 (공자라는) 천리마의 꼬리에 붙음으로써 그 행동이 더욱 두드러져 보였다.

　바위와 동굴에 숨어 사는 선비들은 때를 보아 나아가고 물러나는데, 이들의 명성이 세상에 드러나지 않는 것은 서글픈 일이다. 촌구석에 파묻혀 사는 사람이 덕행을 갈고닦아 공명을 세우려 해도 덕행과 지위가 높은 사람에게 기대지 못한다면 어찌 후세에 이름을 남길 수 있겠는가?

그냥 가볍게 지나치면 지행입명 안에 담긴 사마천의 착잡한 마음을 그 언저리조차 헤아리기 어렵다. 덕행을 갈고닦아 공명을 드러내는 일이야 누구나 바라는 바지만, 그것이 어디 쉬운 일인가?

사마천은 인생의 세 가지 귀중한 가치 개념으로 덕행을 세우는 입덕(立德), 책을 써서 자기주장을 세우는 입언(立言), 세속에서 공을 세우는 입공(立功)의 삼립(三立)을 제시했다.

그러면서 재능이 있어도 인정받지 못하는 것, 특히 자신이 심혈을 기울여 완성한 《사기》가 빛을 못 볼 수도 있다는 사실에 고뇌했다. 사마천에게 그것은 죽음보다 두려운 일이었다. 결국 사마천은 《사기》를 두 부 만들어 한 부는 명산에 숨겨놓고 훗날 나타날 눈 밝은 사람을 기다리겠다고 말했다.

요즘처럼 언론매체가 온 세계를 구석구석 뒤지고 다니는 상황에서도 한 인간의 아름다운 행적이 온전히 드러나기란 쉽지 않다. 설령 드러날지라도 거짓과 왜곡, 시기와 질투 등이 심하게 끼어든다.

그 까닭은 2,000년 전 사마천이 꼬집은 것처럼, 세상이 온통 부귀와 공명만 좇을 뿐 자기 일에 충실하면서 깨끗하게 살려는 인재들을 하찮게 보기 때문이다. 그래서 이런 인재들은 '죽은 뒤에 이름이 알려지지 않을까' 혹은 '내 이름이 왜곡되어 알려지지 않을까' 걱정한다. 사마천이 염려한 게 바로 그것이었다.

한나라 초기의 뛰어난 학자이자 정치가 가의는 "탐욕스러운 자는 재물 때문에 죽고, 열사는 이름을 추구하다 죽는다. 뽐내는 자는 권력 때문에 죽고, 서민은 대부분 산다는 것을 그저 믿을 뿐이다"라고 말했다. 그러니 덕행을 갈고닦아 공명을 세우는 일이 어찌 힘들지 않겠는가?

현자들의 덕행과 인재들의 업적이 온 세상에 드러나도록 사회적으로 든든한 후원이 뒷받침되어야 한다. 그래야 세상과 인간을 등지는 인재가 사라질 것이다.

인재 활용은 개인적 차원에만 머무르지 않는다. 그것은 조직, 사회, 나라, 나아가 전 인류와 연관된다. 물론 공명에 앞서 덕행을 닦아 그 안에 공명이 절로 깃들도록 인재 스스로 노력해야 할 것이다.

요컨대 '지행입명'은 인재가 개인의 차원을 넘어 전 인류라는 보다 높은 차원으로 가는 중요한 연결고리이자, 세상이 인재에게 요구하는 가장 기본적인 조건이다.

권61
〈백이열전〉

인간의 길

3장
나를
어떻게 드러낼 것인가

期期艾艾
難易度 不能贊一句
比物連類 喪家之犬
問鼎輕重 臣之不信
王之福也 不能贊一句
三人疑之 苟合取容
其母懼矣 積毁銷骨
耳食之談 齒牙爲禍
心墟

期期艾艾
難易度不能贊一句
比物連類覈家之大
問鼎輕重臣之不信
王之福也 不能贊一句
三人疑之苟合取容
其母懼矣積毀銷骨
馬牙之怨齒牙爲禍
心坑

공자는 "겉치레로 하는 말과 거짓으로 웃는 얼굴에는 인(仁)이 없다"고 했다. 《논어》에 이 대목이 두 군데나 나온다(제1 학이편, 제17 양화편). 지나치게 꾸미는 말과 표정에는 진정성이 담기지 않는다고 본 것이다.

말과 인간관계에 대해 공자는 "더불어 말을 나눌 만한 상대인데도 말하지 않으면 애석하게 사람을 놓치게 된다. 더불어 말을 나눌 만한 상대가 아닌데도 말한다면 말이 보람 없어진다. 지혜로운 자는 사람을 놓치지 않고 말을 헛되이 하지도 않는다"고 했다(제15 위령공편). 말이 맞아야 관계가 형성된다는 뜻이다. 관계는 대부분 말을 매개로 이루어진다. 말은 자신을 드러내는 첫 통로인 셈이다.

그런가 하면 공자는 말과 덕의 관계를 "덕 있는 사람은 그 덕이 반드시 말에 나타나지만, 말 잘하는 사람에게 꼭 덕이 있는 것은 아니다"(제14 헌문편)라고 하면서 "군자는 말만 가지고 사람을 추천하지 않으며, 사람이 마음에 들지 않는다고 그가 하는 말을 버리지 않는다"(제15 위령공편)고 했다. 말이 그 사람의 됨됨이를 반영하지만 말만으로 그 사람을 판단해서는 안 되며, 사람을 차별해 말을 가리거나 말을 걸지 않는 일이 있어서도 안 된다는 의미다.

옛 성인들은 필요하면 나무꾼에게도 물었다고 한다. 자신을 드러내는 첫 통로로써 말이 중요하지만, 말 자체가 사람을 대변하지는 않는다는 의미라고 할 수 있겠다.

극자성이란 사람이 "군자는 바탕만 있으면 되지 꾸밈은 필요 없다"고 하자 공자의 제자 자공은 "안타깝구나, 그의 군자론이! 네 마리 말이 끄는 빠른 마차도 말이 퍼져나가는 속도를 따르지 못한다고 하지 않는가? 꾸밈이 바탕과 같고 바탕이 꾸밈과 같은 것이라면, 호랑이와 표범의 무두질한 가죽이 개와 양의 무두질한 가죽과 같단 말인가"라고 반박했다(제12 안연편). 공자 역시 "꾸밈과 바탕이 잘 어울려야만 군자다"라고 했다(제6 옹야편).

자공이 지적했듯이, 말이나 글은 인간이라는 바탕에 무엇인가를 꾸미는 것이다. 문제는 그 꾸밈의 정도가 될 것이다. 진정과 진심이 바탕이 된 말이라야 사람을 설득하고 감동시킬 수 있다. 그런 점에서 '말은 마음의 소리'라는 뜻을 지닌 언위심성(言爲心聲)이라는 표현이 가슴에 와 닿는다.

이 말은 《논어》를 모방하여 지었다는 양웅의 《법언》(문신편)에 나오는 명구인데, 바로 뒤에 서심화야(書心畵也)라는 네 글자가 이어진다. 글은 마음의 그림이라는 의미로, 말이든 글이든 내면의 사상을 반영한다는 내용을 담고 있다.

양웅은 그보다 100여 년 전 사람인 대문장가 사마상여에 필적할 만한 문인으로 평가받는다. 사마상여와 같은 사천성 출신에다 그의 문장을 모방한 글을 여러 편 남겼다. 그런데 두 사람 모두 말더듬이였다고 한다.

말 다음으로 자신을 드러내는 통로는 글이다. 말과 글을 잘하고 잘 쓴다고 그 사람이 좋은 사람이라는 뜻은 아니다. 말과 글에 진정성, 즉 솔직한 마음이 깃들어야 그 사람을 제대로 반영할 수 있다. 말과 글은 자신을 드러내는 가장 중요한 통로로, 어느 쪽이든 그 사람의 진정성이 전제가 된다.

말과 글이 내면의 사상을 반영한다는 중국의 전통적인 인식은 그림과 글씨에도 적용된다. 그리하여 시(詩)·서(書)·화(畵)의 삼위일체를 강조하기에 이른다. 나아가 언행일치의 실천적 사상으로 말과 글의 궁극적 도달점을 확립했다.

이 장에서는 화려한 외교적 수사, 강자에게 굴하지 않는 당당함을 갖춘 논리, 권력자를 풍자하고 조롱하는 유머에 이르기까지 《사기》에서 이야기하는 다양한 말과 글에 대한 내용을 담고 있다. 세상에 '나를 어떻게 드러낼 것인가'에 대해 유의미한 지혜를 얻을 수 있을 것이다.

사마천은 〈골계열전〉에서 "말이 아주 적절하면 다툼도 해결할 수 있다"고 했다. '말로 해결할 수 없는 일은 없다'는 뜻이다. 단, 언격(言格)을 갖추어야 한다. 그것이 나를 제대로 드러내는 기초이자 기본이다.

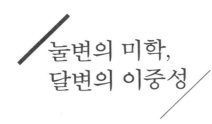

눌변의 미학,
달변의 이중성

에에, 저저 하며 말을 더듬는 모습

期期艾艾
기 기 애 애

　기기애애는 말을 더듬는 사람의 모습을 나타내는 성어다. 말
더듬이의 주인공은 《사기》〈장승상열전〉의 주창과 《세설신어(世
說新語)》〈언어〉 편에 등장하는 등애라는 인물이다. 《사기》에 기
록된 주창의 경우를 소개한다.

　한 고조 유방은 후비 척희의 몸에서 난 여의를 애지중지하여
태자(훗날 혜제로 즉위)를 폐하고 그를 태자 자리에 앉히려 했다.
조정은 이 문제로 뒤숭숭해졌다. 강직하기로 이름난 주창이 나
서서 태자 폐위의 부당성을 지적하기로 했다.

　　　　　　　　　　　　　　　　　　　인간의 길

주창은 황제에게 면담을 요청했고, 분위기는 그야말로 긴장 그 자체였다. 나라의 장래가 걸린 일이었기에 더욱 그러했다. 그런데 그 중대한 순간에 주창이 말을 심하게 더듬었다.

"시, 신은 마, 말을 자, 잘 못합니다. 그, 그러나 시, 신은 그, 그 일이 저, 절대 안 되, 된다는 것을 아, 알고 있습니다."

고조는 주창의 평소 성품을 잘 알기에 잔뜩 긴장했으나 말을 더듬는 모습에 껄껄 웃고 말았다. 결국 그는 태자 폐위건을 없던 일로 하겠노라고 했다. 혜제의 어머니 여태후는 무릎을 꿇고 주창에게 감사를 표시했다.

어눌한 행동과 말은 답답함을 자아내지만, 한편으로 긴장을 누그러뜨리는 효과를 발휘하기도 한다. 언어의 묘미다. 주창이 말을 청산유수처럼 쏟아냈다면 고조의 반감을 사기 십상이었을 것이다. 강직하기로 이름난 주창이 말을 더듬음으로써 분위기가 반전되었고, 그것이 고조에게 생각할 여유를 준 것이다.

《사기》에는 말을 잘하는 변사(辯士)뿐 아니라 주창처럼 말을 더듬거나 말솜씨가 없었던 인물이 꽤 등장한다. 사마천이 존경했던 명장 이광과 유협을 대표하는 곽해는 말을 잘 못했고, 당대 최고의 문장가 사마상여와 법가 사상을 집대성한 한비자는 주창처럼 아예 말더듬이였다. 하지만 이들은 말을 잘하고 못하고가 꼭 그 사람의 능력이나 인품과 관련되는 건 아니라는 점을 잘 보여주고 있다.

　말을 잘하는 사람들은 대개 말을 빨리 하는 편이다. 이를 달변(達辯)이라고 한다. 그들은 어떤 주제가 되었건 청산유수처럼 말을 줄줄 쏟아낸다. 말의 빠르기와 말솜씨가 비례하는지에 대한 과학적 근거나 통계는 없지만, 사람들은 대체로 그렇게 생각한다. 한편, 말을 빠르게 잘하는 경우 진실성이 떨어질 거라고 판단하기도 한다. 이는 어디까지나 불확실하고 부정확한 통념에 기반했을 뿐 객관적으로 입증할 수 있는 것은 아니다.

　주창의 '기기애애'는 말과 관련된 불합리한 편견을 흥미롭게 보여주는 귀한 일화이자 고사성어가 아닐 수 없다.

————————— **권96**
〈장승상열전〉

제대로 배운 사람의
말과 글은 쉽다

글(법조문)을 교묘하게 꾸며 죄에 빠뜨리다

舞文巧詆
무 문 교 저

사마천은 가혹한 법 집행으로 악명을 떨친 혹리들의 행적을 〈혹리열전〉에 남겼다. 주로 사마천 당대의 인물들로 채워진 이 열전은 허례와 미신, 자기과시를 좋아한 무제의 통치방식을 비난하기 위해 절묘하게 안배한 명편이다. 열전에 등장하는 혹리들 중 장탕은 그 캐릭터가 매우 독특하다.

장탕은 두릉 출신으로 어릴 때부터 혹리의 자질을 보였는데, 그와 관련된 재미난 일화가 전해져온다. 아버지가 외출한 사이 어린 장탕이 집을 보고 있었는데, 쥐가 고기를 물고 도망가버렸다. 아버지는 집을 제대로 보지 못했다며 장탕에게 매질을 했다. 그러자 장탕은 그 쥐를 기어이 잡아 매질을 하고 진술서를 만들었다. 그런 다음 엄격한 법 절차에 따라 쥐의 몸뚱이를 찢어 죽이는 책형(磔刑)을 가했다. 이 모습을 본 장탕의 아버지는 그에게 판결문 작성을 본격적으로 가르쳤다.

사마천은 장탕을 비롯한 무제 시대 혹리들의 공통점 중 하나로 무문교저를 들었다. 법조문을 교묘하게 꾸미거나 적용하여 죄에 빠뜨린다는 뜻이다.

장탕은 마음속으로 비방하는 것도 죄에 해당한다는 복비법(腹誹法)을 내놓은 인물로 유명한데, 그가 어떻게 '무문교저'했는지 한번 보자.

기소된 안건을 황제가 엄하게 처벌하려 하면 장탕은 법을 치밀하고 엄하게 집행하는 자에게 맡기고, 황제가 용서해주려 하면 죄를 가볍게 다스리고 공평하게 처리하는 관리에게 맡겼다. 또 안건이 권세 있는 호족과 관련된 것이면 반드시 **법조문을 교묘하게 꾸미거나 적용하여 죄에 빠뜨렸다.**

법령과 정치의 본뜻이 백성에게 잘 전달되려면 말과 글이 분명하고 쉬워야 한다. '말을 교묘하게 꾸며 백성을 죄에 빠뜨리는' 일을 막는 첫걸음은 말과 글을 쉽게 만드는 것이다.

'무문교저'와 관련된 성어로는 쉽고 요령 있게, 너무 고상한 논의는 하지 말라는 뜻의 비지무심고론(卑之無甚高論)이 있다.

자신의 무능함을 한탄하며 벼슬을 버리고 낙향하려던 장석지는 중랑장 원앙의 추천으로 한나라 문제 앞에서 나라와 백성을 편안하게 할 수 있는 일들을 아뢰었다. 그러자 문제는 '쉽고 요령 있게, 너무 고상한 논의는 하지 말고' 대책을 내놓으라고 말했다. 중국 역사상 최고의 명군으로 꼽히는 문제는 쉽고 요령 있는 말로 백성에게 명령을 내려야 빨리 실행에 옮겨진다는 통치 요령을 인지하고 있었던 것이다.

우리가 익히 아는 고사성어 가운데 우이독경(牛耳讀經)이 있다. 소귀에 경 읽기, 즉 무식한 사람에게 경을 읽어줘 봐야 소용없다는 뜻이다. 이 성어의 본래 뜻이 어떠했는지는 모르지만, 대체로 무식한 사람을 비꼬거나 무시할 때 사용된다.

그런데 오늘날 중국에서는 이 성어를 대중이 알아듣지 못하는 어려운 말만 잔뜩 늘어놓는 허식(虛飾)에 가득 찬 식자층을 비꼴 때 사용한다. 어쩌면 이것이 '우이독경'의 본래 뜻이었는지도 모르겠다.

많이, 제대로 배운 사람의 말이나 글은 쉽다. 어쭙잖게 배운 사

람이 어려운 용어와 미사여구를 동원해 학문의 얄팍함을 감추
려 하는 법이다.

행정이나 법률 용어가 지나치게 어려워 일반인이 간단한 서
류 한 장 작성하기도 쉽지 않을 때가 있다. 권위는 어려운 용어
나 격식에서 나오는 것이 아니라 백성에게 다가갈수록 더욱 커
지는 법이다.

———————— **권102**
〈노주공세가〉

———————— **권122**
〈혹리열전〉

인간의 길

최선을 다하면
최선의 문장이 나온다

단 한마디도 거들 수 없다
不能贊一句
불 능 찬 일 구

거상 여불위는 자초와 영정(진시황)을 잇따라 왕위에 오르게 함으로써 엄청난 정치적 투기에 성공했다. 진나라의 재상으로서 군주를 능가하는 권력을 갖게 된 그는 자신의 능력과 식견을 과시하기 위해 문객들을 동원해 《여씨춘추(呂氏春秋)》를 편찬했다.

책이 완성되자 여불위는 그 책에서 단 한 글자라도 고칠 수 있는 사람이 있다면 글자 하나에 천금을 주겠다고 큰소리쳤다. 여기서 일자천금(一字千金)이란 고사성어가 탄생했다. 자신이 주도하여 편찬한 책에 대한 자부심과 오만함이 묻어나는 대목이다.

사마천은 자신의 사상에 가장 큰 영향을 준 인물로 공자를 꼽았다. 특히 '직설(直說)'을 주요 특징으로 하는 《춘추》의 역사관(이를 춘추필법이라 한다)을 높이 평가했다. 다음은 공자에 대한 사마천의 논평이다.

《시경》에 높은 산은 우러러보고 큰길은 따라간다(고산앙지[高山仰止] 경행행지[景行行止])는 말이 있다. 비록 그 경지에 이르지 못했지만 나는 마음으로 늘 그를 동경한다. 또한 공자의 저술을 읽고 그가 얼마나 위대한 사람인지 상상할 수 있었다.

사마천은 공자가 《춘추》를 편찬할 때의 모습을 이렇게 묘사했다.

공자께서는 지나간 소송 건을 심리할 때도 문장에 다른 사람과 의논해야 할 것이 있으면 결코 혼자서 판단하는 법이 없었다. 그런데 적어도 《춘추》를 저술할 때는 기록할 것은 결단코 기록하고 삭제할 것은 삭제했다. (문장이 뛰어난) 자하 같은 제자가 **단 한마디도 거들 수 없었다.**

천하를 떠돌며 자신의 사상을 펼쳐보려던 공자는 결국 뜻을 이루지 못하고 고향인 곡부로 돌아갔다. 그곳에서 제자들을 가르치던 공자가 죽기 얼마 전 노나라 연대기를 중심으로 춘추시대 여러 나라의 정치사 등을 정리한 것이 바로《춘추》다.

공자는《춘추》에 상당한 애착을 보인 듯하다. 제자들에게《춘추》의 뜻을 전수한 뒤 "후세에 나를 알아주는 사람이 있다면《춘추》때문일 것이며, 나를 비난하는 사람이 있다면 그 역시《춘추》때문일 것이다"라고 말했다.

'불능찬일구'는 때로 자신의 능력이 모자라 의견을 제기하지 못하거나 별로 할 말이 없을 경우, 겸손의 말로 인용되기도 한다.

글을 쓰는 사람이라면 한 번쯤 '불능찬일구'의 경지에 도전해보는 건 어떨까? 공자 또한 어느 누구에게도 흠 잡히지 않겠다는 심경으로《춘추》편찬에 임하지 않았을까? 최고의 문장은 모르겠지만 최선의 문장은 그러한 '심경의 마지노선'에서 탄생하는 것 같다.

──────── **권47**
〈공자세가〉

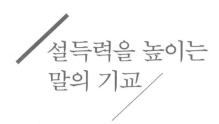

설득력을 높이는
말의 기교

같은 종류의 사물을 여기저기로 연관시킨다

比物連類
비 물 연 류

명주암투라는 고사성어에 등장하는 추양은 사물과 인간관계
의 미묘함을 절묘하게 표현하였다. 그런데 사마천은 이런 추양
에 대해 비교적 냉정한 평가를 내놓았다.

추양은 비록 말이 불손하기는 하지만 같은 종류의 사물을
여기저기 연관시켜 비교해가며 예로 든 것은 높이 사줄 만하
다. 또 굳세게 흔들리지 않았다고 할 만하다.

《한비자》〈난언(難言)〉에 '비물연류'가 '연류비물(連類比物)'로 약간 변형되어 나오는데, 그 의미는 같다. 논리로 상대를 설득하려 할 때 필요한 기술 가운데 하나가 여러 사물과 상황을 연결해 비교하는 것이다.

논리학에서 말하는 귀납법과 연역법도 마찬가지다. 일찍이 추양이 보여준 기교도 그런 것이었다. 추양이 올린 상소문 가운데 한 구절을 소개한다.

지금 자리도 벼슬도 없는 궁하고 비천한 인재들이 요·순 임금의 통치술을 가슴에 안고, 이윤과 관중의 말솜씨에 용봉(龍逢)이나 비간(比干)의 뜻을 품고 임금에게 충성을 다하고자 하건만, 나무 둥치를 다듬어 임금에게 바치듯 추천해주는 사람이 없습니다.

마음과 생각을 다하고 충성과 믿음을 펼쳐 임금의 정치를 돕고자 해도 임금은 칼을 어루만지며 그들을 흘겨보고 있습니다. 바로 이 때문에 지위도 벼슬도 없는 인재들은 말라비틀어진 나무나 썩은 등걸보다 못한 존재가 되는 것입니다.

추양은 "여자는 예쁘게 생겼든 못생겼든 궁궐에 들어가는 순간부터 질투에 시달리고, 인재는 능력이 있든 어리석든 조정에 들어가는 순간부터 시샘을 받기 마련(여

무미오[女無美惡] 입궁견투[入宮見妬], 사무현불초[士無賢不肖] 입조견질[入朝見嫉])"이라면서, 인재의 진면목을 몰라주고 간신 소인배들의 아첨에 흔들리는 통치자의 사례를 들었다.

또한 통치자가 "한쪽 말만 들으면 간사한 일이 생기고, 한 사람에게 모든 것을 맡기면 혼란이 일어난다(편청생간[偏聽生奸] 독임성난[獨任成亂])"며 인재를 제대로 보려면 믿음을 가지고 두루두루 살필 것을 권한다. 그러면서 그는 이렇게 덧붙였다.

소진은 세상에서 믿음을 얻지 못했지만 연나라에 대해서는 미생처럼 신의를 지켰습니다. 백규는 중산국의 장수로 싸움에서 패해 여섯 개의 성을 잃고 위나라로 망명했지만, 위나라를 위해 중산국을 빼앗았습니다.

왜 그랬겠습니까? 서로 마음을 알아주었기 때문입니다.

추양은 인재와 주군의 관계를 역사상 비슷했던 유명한 인물들의 행적을 통해 두루 비교했다. 이렇듯 설득력을 가지려면 말솜씨도 중요하지만 말의 요점을 뒷받침하는 근거가 필요하다. 그리고 그 근거들을 이리저리 분석해 논리를 강화하는 쪽으로 연계하는 '비물연류'의 능력이 필요하다. 적절한 비교와 비유야말

인간의 길

로 말의 설득력을 높이는 기본이기 때문이다.

소인배들의 모함에 넘어가 자신을 옥에 가둔 양왕을 설득하는 추양의 글솜씨(말솜씨)는 대단하다. 거기에 당당함을 잃지 않는 강력한 논조가 그의 글과 말을 더욱 돋보이게 한다.

권83
〈노중련추양열전〉

말에 맛과 멋을 더해주는
유머의 묘미

'상갓집 개' 또는 '집 잃은 개'

喪家之犬
상 가 지 견

공자는 도덕군자의 대명사로 추앙받는다. 하지만 그의 언행을
살펴보면 웃음을 자아내는 부분이 꽤 많다. 특히 재미있는 일화
가《사기》〈공자세가〉에 나온다.

정나라에 간 공자는 그곳에서 길이 어긋나 제자들과 헤어지고
말았다. 공자는 홀로 동문에 서 있었다.
정나라 사람 하나가 자공에게 "동문에 웬 사람이 서 있는데, 이
마는 요 임금 같고 목은 고요 같으며 어깨는 자산 같았습니다. 다

만 허리 아래로는 우 임금에 세 치가량 못 미치는 것 같았는데, 초라한 몰골이 영락없는 상갓집 개 같아 보였습니다"라고 말했다.

　나중에 그 이야기를 들은 공자는 "모습은 아니다만, '상갓집 개' 같다는 말은 옳다, 옳고말고!"라며 껄껄 웃었다.

이 얼마나 유머가 넘치는가! 공자는 '초췌한 꼴이 상갓집 개 같다'는 험담을 듣고도 화를 내기는커녕 웃음으로 받아들였다. 그의 소탈한 태도에는 전혀 찬바람이 돌지 않는다. 옆사람이 웃고 자신도 웃는다.(국내 번역서들은 대부분 '상가지견'을 '상갓집 개'로 번역한다. 하지만 '상[喪]'을 '잃다'는 뜻의 동사로 봐서 집 잃은 개라 번역할 수도 있다. 풍운아 공자의 일생을 생각한다면 이쪽이 더 나아 보인다. 어쨌거나 개는 개다.)

　공자가 제자들과 나눈 익살스러운 대화는《논어》곳곳에서 찾아볼 수 있다.

　필힐이 공자를 초청하자 공자가 이에 응하려 했다.

　자로 전에 저는 스승님께서 '군자는 몸소 착하지 않은 짓을 하는 자에게는 들어가지 않는다'고 하신 말씀을 들었습니다. 필힐은 중모를 배반한 자인데, 스승님께서 그자의 부름에 응하려 하시니 어찌된 일입니까?

공자 그렇다. 그런 말을 한 적이 있지. 그러나 갈아도 얇아지지 않는다면 얼마나 단단한 것이냐? 물을 들여도 검어지지 않는다면 얼마나 흰 것이냐? 내가 어찌 담에 매달려 있기만 하고 먹지도 못하는 표주박과 같을 수 있겠느냐?

"부자만 될 수 있다면 마부가 되어 수레를 모는 일도 기꺼이 하겠다"는 말과 같은 종류의 유머다. 이런 일화도 전해진다.

양화가 공자를 만나려 했으나 공자는 만나주지 않았다. 그러자 양화는 돼지고기를 예물로 놓고 돌아갔다. 공자는 양화가 집에 없는 때를 골라 찾아가 답례했다. 그런데 돌아오다 그와 마주치고 말았다.

양화 자, 이리 오십시오. 선생님께 들려줄 이야기가 있습니다. 보물을 품에 지니고 있으면서 어지러운 나라를 그냥 내버려둔다면, 그것을 인이라 할 수 있겠습니까?

공자 할 수 없겠지요.

양화 정치하기를 바라면서 자주 그 기회를 놓치고 있다면, 지혜롭다 할 수 있겠습니까?

공자 없지요.

양화 날이 가고 달이 가고, 세월은 우리를 기다려주지 않습니다.

공자 알았소. 내 버슬하리다.

"알았소. 내 버슬하리다"라는 대목을 곰곰이 음미해보면, 공자가 양화의 성화에 하는 수 없이 내뱉은 소리라는 걸 알 수 있다.

위 대화에서 양화는 신나게 떠들어대는 반면, 공자는 상대가 원하는 말을 제대로 하지 않는다. 양화의 추궁에 그저 '그렇지 않다'는 말만 되풀이한다. 이러쿵저러쿵 논할 만한 가치가 없다는 뜻이리라.

양화가 단도직입적으로 이야기를 이어가자, '더불어 얘기할 만한 가치가 없는' 사람과 마지못해 떠드느니 귀찮은 혹을 떼어내는 것이 낫다고 생각한 듯 '그래 알았소. 내 한자리하지'라고 대답해 버린다.

'상가지견'을 너털웃음으로 받아넘긴 여유나 어수룩한 한마디로 깊은 생각을 던져주는 공자의 모습에서 우리는 유머의 묘미를 느낄 수 있다. 말에는 모름지기 이런 맛과 멋이 있어야 한다.

—————— **권47**
〈공자세가〉

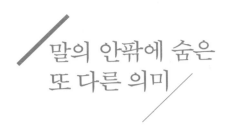

말의 안팎에 숨은
또 다른 의미

솥의 무게를 묻다

問鼎輕重
문 정 경 중

　글이나 말에는 표면적 의미 외에 또 다른 의도를 내포하는 것
이 꽤 많다. 이를 흔히 언외(言外)의 의미라 하는데, 언내(言內)라
해도 틀리지 않을 것 같다. 안에 포함시켰으니 말이다.

　문정경중은 글자가 나타내는 의미 외에 다른 의도를 내포한
대표적인 고사성어다. 글자 그대로라면 솥의 무게를 묻는다
가 되지만, 타인의 능력, 지위 등에 의심을 품고 그 책임을 추궁
한다는 의미가 담겨 있다. 그뿐 아니라 최고권력을 향한 욕망, 대
권이나 권력의 향방을 묻는 비유적 표현이기도 하다.

인간의 길

이 고사성어는 춘추시대 초나라 장왕과 관련되어 있는데,《좌전》에도 같은 내용이 나온다. 또한 솥의 무게를 묻는 속셈이라는 뜻의 문정지심(問鼎之心)이란 성어를 파생시켰다.

발이 셋인 솥을 뜻하는 '정(鼎)'은 '천하, 최고권력, 천자' 등 가장 높고 귀한 존재나 지고무상(至高無上)한 힘을 상징하는 기물이다. 중국 최초의 왕조로 인정받는 하나라의 우 임금은 아홉 개의 정, 즉 구정(九鼎)을 만들어 천하 구주(九州)에 나누어줌으로써 자신의 권위를 과시했다고 한다.

《사기》에서 이 성어는 초나라 장왕이 육혼 지방의 융족을 정벌하는 과정에서 나온다. 천자의 나라 주의 도읍을 지나던 장왕은 낙양 부근에서 열병식을 거행하며 자신의 힘을 뽐냈다. 당시 이름뿐인 천자로 전락해 있던 주 천자는 하는 수 없이 왕손만을 보내 초나라 군대를 위로했다.

왕손만이 도착하자 장왕은 "주 왕실에는 대대로 전해져 내려오는 정이 있다던데, 얼마나 크고 무겁소?"라고 물었다. 왕권의 상징인 정의 무게를 묻는다는 건 왕권에 대한 모욕이자 도전인 셈이었다. 왕손만은 점잖게 말했다.

"주 왕실의 덕이 비록 쇠퇴하긴 했지만, 천명은 아직 바뀌지 않았습니다. 그러니 정의 무게를 물으시는 건 옳지 않습니다."

이 말을 들은 장왕은 곧 그곳에서 물러났다.

불비불명(不飛不鳴)이란 고사성어의 주인공인 장왕은 때를 기다릴 줄 아는 인물이었다. 장왕은 즉위 후 3년 동안 아무 일도 하지 않았다. 그냥 놀고먹은 것이 아니라 '심세(審勢)', 즉 상황을 유심히 살피며 초나라의 앞날에 대비한 것이다.

3년 뒤 그는 자신의 말대로 한번 날았다 하면 하늘을 찌르고, 한번 울었다 하면 세상 사람을 깜짝 놀라게 만들 기세로 천하의 흐름을 주도하며 춘추 5패 가운데 하나로 부상했다.

이런 장왕이 천자를 상징하는 '정'의 무게를 물은 것은 어찌 보면 당연했다. 그러나 그는 왕손만의 지적에 자신이 처한 현실을 냉철하게 판단하고 물러난 것이다.

사람들은 자신의 의도나 속셈을 우회적으로 나타내려 할 때 비유법을 사용하곤 한다. 중국을 비롯하여 한자 문화권의 정치가들은 이런 비유법에 능숙하다. '문정경중(줄여서 '문정')'은 그런 비유의 전형적인 본보기라 할 수 있겠다.

_____ **권40**
〈초세가〉

인간의 길

나를 믿지 않는 사람을
설득하는 법

신이 불신을 사는 것이 왕께는 복입니다

臣之不信 王之福也
신 지 불 신 왕 지 복 야

전국시대 말 유세가 소진은 각국을 돌며 자신이 제안한 6국 동맹의 외교책략인 합종을 설파했다. 한편, 귀곡자 밑에서 소진과 동문수학한 장의는 6국 동맹을 각개격파하는 연횡을 들고 나왔다.

6국은 강대국 진의 동진을 막기 위해 합종에 가담했다. 하지만 복잡하게 얽힌 6국의 이해관계를 교묘하게 파고든 장의의 연횡이 힘을 발휘함으로써 합종에 금이 가기 시작했다. 소진은 동맹의 와해를 막기 위해 동분서주해야 하는 신세가 되었다.

그런 상황에서 연나라와 제나라 사이에 외교적 마찰이 일어났다. 소진은 연왕을 위해 제나라를 설득했다. 그 덕분에 두 나라의 갈등이 해소되었지만, 연왕은 소진을 헐뜯는 주위의 말을 듣고 그의 재기용을 주저했다.

이에 소진은 '충성과 믿음 때문에 자신이 왕에게 죄를 받았다'며, 그렇지만 "신이 불신을 사는 것이 왕께는 복입니다"라고 말했다. 연왕은 충성과 믿음이 있는데 어떻게 죄를 받는단 말이냐며 발끈했다.

소진은 회심의 미소를 지으며 다음 이야기를 들려주었다.

"어떤 사람이 먼 지방에 가서 관리 노릇을 했습니다. 그런데 남편이 없는 사이 그의 부인이 다른 자와 간통을 했습니다. 남편이 돌아올 때가 되자 정부(情夫)는 걱정이 태산 같았습니다. 그러자 여자는 '걱정하지 마시오. 내 이미 독약을 탄 술을 장만해놓고 기다리고 있으니!'라고 말했습니다.

사흘 뒤 남편이 집에 도착했습니다. 아내는 첩을 시켜 독약을 탄 술을 남편에게 올리게 했습니다. 술에 독이 들었다는 것을 안 첩은 그 사실을 말하려 했으나 그렇게 할 수가 없었습니다. 그랬다간 주모(主母, 집안 살림을 담당하는 부인)가 쫓겨날 것이 뻔했기 때문입니다. 그렇다고 말을 안 했다간 주인이 죽게 생겼으니 이래저

인간의 길

래 난처했습니다. 결국 첩은 일부러 넘어져 술을 쏟아버렸답니다.

남편은 화가 나서 그녀에게 매 50대를 때렸습니다. 첩은 한 번 넘어져 술을 쏟음으로써 위로는 주인을 살리고, 아래로는 주모를 지켰습니다. 그러나 매질은 면치 못했으니 충성스럽고 믿음이 있는 그녀에게 어찌 죄가 없다고 하겠습니까? 대저 신의 불행이 이 일과 비슷하지 않겠습니까?"

그 이야기를 들은 연왕은 화를 풀고 소진의 직위를 회복시키는 한편, 전보다 더 우대했다고 한다.

주위의 쑥덕공론에 마음이 흔들려 자신을 믿지 않는 사람을 설득하는 방법에는 여러 가지가 있겠으나, 적절한 비유를 사용한 소진의 예가 좋은 참고가 될 것이다. 자신의 처지를 역설적으로 전달하는 동시에 비유법으로 논지를 강조 내지 강화하는 그의 말솜씨가 단연 돋보이기 때문이다. 강조의 효과는 역설적 표현을 어느 만큼 구사하는가에 따라 결정된다고 하겠다.

——————— 권69
〈소진열전〉

상대를 설득해
내 의견을 관철하는 기술

흠 없는 옥

完璧
완 벽

 '완벽하다', '완벽에 가깝다', '완벽한 연기', '그 어떤 것보다
완벽한 상품' 등 '완벽'은 우리가 일상생활에서 흔히 사용하는
말이다. 그런데 '완벽'이란 말에는 흥미로운 고사가 숨어 있다.
 흠집 하나 없는 옥, 이것이 완벽의 본래 뜻이다. 완벽귀조
(完璧歸趙)가 온전한 제 모습인데, 글자대로만 풀이하면 옥을 온
전히 조나라로 돌려보낸다는 의미이다. 다시 말해 어떤 물건
을 원래 주인에게 흠 없이 돌려주거나, 귀한 물건을 온전하게 되
가져온다는 뜻이다.

인간의 길

재미있는 고사를 따라 '완벽'이란 말이 나오게 된 배경을 알아보자. 이 이야기의 주인공은 '문경지교'로 잘 알려진 인상여다.

조나라 혜문왕이 초나라에서 생산된 화씨벽(和氏璧)을 얻었다. 화씨벽은 고대 옥기 종류의 하나로, 둥글고 가운데에 구멍이 뚫린 얇고 정교한 보물 중의 보물이었다. 얼마나 대단한 보물이었던지 사람들은 그것을 얻기 위해 전쟁까지 일으킬 정도였다.

초나라 사람 화씨가 두 발을 잃어가며 완성한 화씨벽에 얽힌 이야기를 잠시 살펴보자.

화씨는 초산에서 옥을 발견해 여왕(勵王)에게 바쳤다. 왕은 감정사를 시켜 그것을 감정했는데, 옥이 아니라 돌이라고 했다. 화가 난 여왕은 화씨의 왼발을 잘라버렸다.

무왕이 즉위한 뒤 화씨는 다시 옥을 바쳤다. 하지만 이번에도 돌이라는 감정을 받았고, 화씨는 오른발을 절단당했다.

문왕이 즉위하자 화씨는 옥을 가슴에 품은 채 초산 아래에서 3일 밤낮을 대성통곡했다. 이에 문왕은 그 옥을 가져다 다듬게 하여 마침내 천하의 보옥을 얻었고, 이름을 화씨벽이라 했다.

강대국 진나라 소왕은 조왕에게 진나라의 성 15개와 화씨벽을 바꾸자는 편지를 보냈다. 진나라의 속셈은 불을 보듯 뻔했다.

'교환'이란 말은 화씨벽을 빼앗기 위한 구실에 지나지 않았다.

조왕 역시 진의 속셈을 모르지 않았다. 그럼에도 그 제안을 거절했다간 진의 공격을 피하기 어려울 터였다. 누군가를 진으로 보내야 하는 상황에서 무현이 자신의 식객으로 있던 인상여를 추천했다.

인상여는 진나라로 가서 소왕에게 화씨벽을 바쳤다. 진왕은 그것을 이리저리 어루만지며 좋아서 어쩔 줄 몰라했다. 교환 조건으로 내걸었던 성 이야기는 한마디도 꺼내지 않았다.

진왕의 속셈을 새삼 확인한 인상여는 "화씨벽에 하자(瑕疵)가 있는 것 같다"며 잠시 돌려달라고 했다.(흠이나 티, 결점 따위를 뜻하는 하자란 말이 여기에서 나온다. '하자'는 전적으로 '옥의 티'만 가리키기도 한다.) 화씨벽을 건네받은 인상여는 기둥에 몸을 기댄 채 신의 없는 진왕을 엄하게 나무랐다. 그리고 약속대로 하지 않으면 화씨벽을 기둥에 던져 박살내겠다고 협박했다.

인상여의 돌발 행동에 놀란 진왕은 부랴부랴 약속을 지키겠다고 말했다. 인상여는 더 이상 속지 않겠다며, 진왕에게 닷새 동안 목욕재계한 뒤 성스럽고 순결한 화씨벽을 받으라고 요구했다. 시간을 번 인상여는 몰래 사람을 시켜 화씨벽을 조나라로 돌려보냈다.

울며 겨자 먹기로 닷새 동안 목욕재계한 진왕은 날이 밝기가

인간의 길

무섭게 인상여를 불렀다. 하지만 인상여는 화씨벽을 이미 조나라로 돌려보냈다며, 마음대로 하라고 큰소리치는 것 아닌가? 진왕은 화가 머리끝까지 솟구쳤지만, 한편으로 인상여의 용기에 감탄하지 않을 수 없었다. 결국 인상여를 어쩌지 못하고 예를 다해 조나라로 돌려보냈다.

인상여는 남다른 지혜와 언변으로 강대국 진나라의 횡포에 맞섰다. 그리하여 보물 화씨벽을 지켜냈고, '완벽'과 '하자' 같은 절묘한 단어를 후대에 남겼다.

인상여의 언변만 놓고 본다면 '완벽귀조'를 가능케 한 또 하나의 공신은 인상여가 택한 '하자'라고 할 수 있다. 상대를 설득시켜 자신의 의도를 관철하려면 단어의 적절한 구사가 무엇보다 중요하다.

옥은 고대사회에서 귀한 보물로 취급되었다. 진나라가 15개 성과 바꾸겠다고 한 것만 봐도 당시 옥이 어떤 존재였는지 짐작하고 남음이 있다. 성 몇 개보다 더 값이 나간다는 의미의 가중연성(價重連城) 또한 이 고사에서 나왔다.

———— **권81**
〈염파인상여열전〉

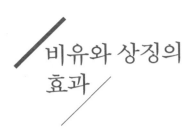

비유와 상징의
효과

용의 얼굴

龍顔
용 안

용은 비바람을 몰고 다니는 신령스러운 동물이다. 과거 농경 사회에서는 물의 역할과 그것을 시기적절하게 다스리는 일이 절대적이었고, 그런 이유로 용은 자연스럽게 제왕과 결합되었다. 그리하여 임금의 얼굴을 '용안', 임금이 앉는 자리를 '용상(龍床)', 임금이 입는 옷을 '곤룡포(袞龍袍)', 임금의 즉위를 '용비(龍飛)'라고 부르는 등 많은 용어를 파생시켰다.

《사기》에서는 한나라 고조 유방을 묘사하는 대목에서 처음으로 '용안'이 등장한다. 사마천은 유방의 출생과 그 모습을 비교

인간의 길

적 상세히 서술했다.

　　(고조 유방의 어머니가) 잠깐 잠든 사이에 신을 만나는 꿈을 꾸
　었다. 그때 하늘에서 천둥이 치고 번개가 번쩍이더니 사방이 어
　두워졌다. (아버지) 태공이 달려가 보니 교룡(蛟龍, 용의 일종)이 부
　인의 몸 위에 올라가 있었다. 이로부터 얼마 후 임신하여 고조를
　낳았다.
　　고조는 콧날이 오뚝하고 이마가 튀어나온 것이 용의
　모습을 닮았으며, 멋진 수염을 길렀다. 왼쪽 넓적다리에는 72개
　의 검은 점이 있었다.

이로부터 임금이나 특별히 귀한 인물의 얼굴을 형용할 때 흔
히 '용안'이란 표현을 쓰게 되었다. '콧날이 오뚝하고 이마가 튀
어나온' 것을 융준(隆準)이라 한다. 이 말은 용안과 합해져 용준
(龍準) 또는 융안(隆顔)이라는 단어를 파생시켰다.

용은궁추(龍隱弓墜)처럼 용이 모습을 감추고 활이 떨어진
다는 식의 표현은 제왕의 죽음을 은유적으로 나타낸 것이다. 용
은궁추는 전설 속의 제왕인 황제(黃帝)가 수산의 동을 캐 형산 아
래에서 세발솥을 주조한 다음, 용을 타고 하늘로 올라가는 모습
을 묘사하는 대목에서 나왔다.

이때 황제를 비롯해 70여 명의 신하와 후궁이 용을 타고 하늘로 갔는데, 다른 신하들이 용의 수염을 붙잡고 같이 하늘로 올라가려다 수염이 뽑히는 바람에 아래로 떨어졌다고 한다. 이때 황제의 활도 떨어졌는데, 황제의 승천을 슬퍼한 백성이 용의 수염과 활을 부둥켜안고 울었다.

제왕을 정점으로 하는 봉건사회에서는 계급이 엄격하게 나누어졌고, 특권과 제약 또한 계급과 신분에 따라 천차만별이었다. 제왕을 용에 비유하는 용어들은 이제 거의 사용되지 않는다. 하지만 비유는 언어를 효과적으로 구사하여 상대를 설득하고 자신을 적절히 드러내는 좋은 도구가 될 수 있다.

권8
〈고조본기〉

인간의 길

굳건한 믿음마저 흔드는
말의 반복효과

세 사람이 의심하니 그 어머니도 두려워하더라

三人疑之 其母懼矣
삼 인 의 지 기 모 구 의

전국시대 진나라의 재상 감무는 기원전 308년 한나라를 공격하라는 무왕의 명령을 받았다. 진나라가 본격적으로 동쪽에 진출하기 전이라 중원으로의 출병은 위험을 각오해야 하는 일이었다. 더구나 중원의 정세가 매우 혼란스럽고 여기저기서 파견된 첩자들이 진나라 내부 실세들과 정보를 주고받는 상황이었다. 따라서 감무가 출정을 나가면 그에 대한 유언비어와 악의에 찬 중상모략이 뒤따를 것임은 불을 보듯 뻔했다.

감무는 식양에서 무왕에게 의심하는 자들을 물리치고 자신을 믿겠노라 맹세해 달라며 다음과 같이 말했다.

"옛날에 증삼과 이름은 물론 성까지 같은 자가 있었습니다. 그런데 그자가 사람을 죽였습니다. 어떤 사람이 그 소식을 듣고 증삼의 어머니를 찾아가 '증삼이 사람을 죽였답니다'라고 알렸습니다. 베를 짜던 어머니는 조금도 당황하지 않았습니다.

조금 뒤 또 한 사람이 찾아와 '증삼이 사람을 죽였답니다'라고 말했습니다. 이번에도 어머니는 태연했습니다.

아, 그런데 조금 뒤 또 한 사람이 달려와 '증삼이 사람을 죽였습니다'라고 말하는 게 아니겠습니까. 결국 어머니는 베를 짜던 북을 내던지고 담을 넘어 달아났다고 합니다.

증삼은 어진 사람이었고 어머니는 증삼을 굳게 믿었지만, 세 사람이 의심하니 어머니조차 두려웠던 것입니다.

신이야 어질기로 말하면 증삼만 못하고, 신을 믿는 왕의 마음 또한 증삼에 대한 어머니의 믿음만 못합니다. 게다가 신을 의심하는 사람이 세 사람만은 아니지 않습니까.

신은 대왕께서 베틀의 북을 내던질까 두렵습니다."

감무의 말을 들은 무왕은 다른 자들의 말을 듣지 않겠다고 맹세했다. 하지만 시간이 흐르자 그 역시 감무를 의심하기 시작했다. 이에 감무는 식양에서의 맹세를 잊었냐며 자신과 맺은 약속을 상기시켰다. 식양의 맹세(식양지서)라는 유명한 성어가 여기서 비롯되었다.

유언비어는 시간이 갈수록 더욱 그럴듯해지는 경향이 있다. 특히 반복되는 유언비어는 굳은 믿음마저 뒤흔들기 일쑤다. 더러는 정치적 차원에서 정략적으로 활용되기도 한다. 진실을 감추느라 급급한 부도덕한 정권이 진실을 갈망하는 백성들이 퍼뜨리는 유언비어에 시달리는 역설적 상황도 더러 발생한다.

언어 구사에서 반복효과는 상황과 일의 심각성에 따라 달라진다. '증삼이 사람을 죽였다'는 심각한 상황이 아니었다면 반복효과는 훨씬 떨어졌을 것이다. 다시 말해, 때로는 상황을 과장해서 반복해야 사람들이 귀기울이거나 그 말을 신뢰한다.

──────── **권71**
〈저리자감무열전〉

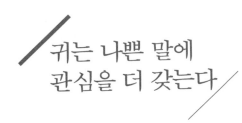

귀는 나쁜 말에
관심을 더 갖는다

헐뜯음이 쌓이면 뼈도 깎는다

積毀銷骨
적 훼 소 골

적훼소골은 불세출의 유세가 장의가 위나라 왕을 설득하는
과정에서 나온다. 잠시 장의의 말을 들어보자.

"신이 듣기에 가벼운 깃털도 많이 쌓이면 배를 가라앉히고, 가
벼운 사람도 떼를 지어 타면 수레의 축이 부러진다고 합니다. 또
한 여러 사람의 입은 쇠도 녹이고, 여러 사람의 헐뜯음은 뼈
도 깎는다고 합니다."

인간의 길

가벼운 깃털도 많이 쌓이면 배를 가라앉힌다는 적우침주(積羽沉舟)부터 가벼운 사람도 떼를 지어 타면 수레의 축이 부러진다는 군경절축(群輕折軸), 여러 사람의 입은 쇠도 녹인다는 중구삭금(衆口鑠金)까지 모두 기가 막힌 표현들이다.

여러 사람의 헐뜯음은 뼈도 깎는다는 말은 전혀 근거가 없더라도 계속 이야기하면 사실이 되어 사람들 마음속에 파고든다는 점을 절묘하게 비유하고 있다. 이것이 설득의 힘이자 유언비어의 힘이고, 여론을 몰아가는 고전적인 방식이기도 하다.

장의의 말은 《국어(國語)》에 인용된 "여러 사람의 마음이 모이면 성(城)을 만들고, 여러 사람의 입은 쇠를 녹인다"는 속담에서 나온 듯하다. 《전국책》에도 같은 성어가 나온다.

'적훼소골'은 중구연금(衆口鍊金)과 함께 쓰이기도 하며, 거의 비슷한 의미의 적훼소금(積毁銷金, 헐뜯음이 쌓이면 쇠도 깎는다)이나 적참마골(積讒磨骨, 헐뜯음이 쌓이면 뼈도 간다) 같은 성어를 파생시켰다.

유언비어는 출처가 분명치 않고 반복되면서 의미가 변하는 특징이 있다. 우리 사회의 고질적 병폐 가운데 하나인 지역감정 관련 발언들은 유언비어가 아닌데도 쇠를 녹이는 위력을 보여왔다. 나쁜 정치에 대한 백성의 분노를 악의적으로 왜곡해 이용했기 때문이다. 그러나 무책임하게 내뱉은 그 말은 화살이 되어 결국 자기 입으로 날아들기 마련이다.

인간은 대개 칭찬의 말을 듣기 좋아한다. 하지만 어찌된 노릇인지 비방의 말에 더 귀를 기울이곤 한다. 이것이 바로 인성의 약점이다.

————— **권70**
〈장의열전〉

인간의 길

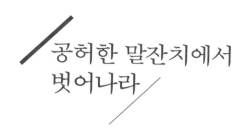

공허한 말잔치에서
벗어나라

귀로 음식을 먹으려는 말

耳食之談
이 식 지 담

옛날에 입과 코와 눈이 서로 자기 자랑을 시작했다.

먼저 입이 말했다.

"내가 없으면 이 세상에 맛있는 것들을 절대 맛볼 수 없어. 그러
니 내가 얼마나 훌륭하냐고. 안 그래?"

그러자 코가 코웃음을 치며 말했다.

"야, 웃기는 소리 하지 마! 네가 아무리 맛있는 음식을 먹을 수
있다고 해도, 내가 냄새를 맡지 않으면 아무 소용없어. 안 그래?
그래서 내가 네 위에 있는 거야."

그러자 입은 아무 말도 못했다. 코는 킁킁 소리를 내며 으스댔다. 그 모습을 지켜보던 눈이 쏘아붙였다.

"그 맛있는 것들을 눈으로 보지 못하면 어떻게 될까? 내가 없으면 코가 냄새를 맡을 수 있어? 또 입이 먹을 수 있어? 그래서 내가 너희들보다 위에 있는 거야!"

그 말에 코와 입은 아무런 대꾸도 하지 못했다.

잠시 침묵이 흘렀다. 그러다 누가 먼저랄 것도 없이 모두 눈썹을 올려다보았다. 입과 코와 눈은 고개를 갸웃거리며 볼멘소리로 말했다.

"쟤는 아무것도 하는 일이 없는데, 어째서 우리 위에 있는 거지?"

그러자 눈썹이 뒤통수를 긁으며 미안하다는 듯 한마디했다.

"내가 너희들 밑에 있다고 생각해봐. 얼굴꼴이 뭐가 되겠니?"

이 세상은 각자 맡은 역할을 제대로 해낼 때 원활해지고 살맛이 나는 법이다. 하는 일 없어 보이는 눈썹도 제자리를 지켜야 얼굴이 얼굴다워진다. 나를 내세우지 않고 상대의 존재와 역할, 능력을 인정할 때 세상이 세상다워지고 인간이 인간다워진다.

사마천은 배운 자들이 자기들만의 세계에 빠져 사물의 본질이나 대세의 흐름을 파악하지 못한 채, 공허한 말을 떠벌리거나

인간의 길

아예 무시하며 비겁하게 침묵하는 현상을 귀로 음식을 먹으려는 말로 표현하며 야유했다. 여기서 천고의 명언 이식지담이 나왔다. 대개는 줄여서 이식(耳食)으로 사용하는데, 관련 대목을 잠깐 보자.

배운 자들이 자신이 보고 들은 것에 얽매여, 진나라가 제왕의 자리를 누린 날이 얼마 되지 않았다는 것만 보고 그 처음과 끝을 살피지 않아 비웃기만 하고 말은 하지 않으니, 이는 귀로 음식을 먹으려는 말과 다름이 없구나. 서글프다!

이식지담, 이식지언(耳食之言)은 천박한 식견으로 하잘것없는 일은 물론 천하 정세까지 진단하고 단정하는 지식인을 비꼬는 말로도 사용된다.

우리 주위에도 '이식지담'을 남발하는 용감한 지식인들이 참으로 많다. 그런 자들이 꼭 새겨들어야 할 지혜로운 충고의 말이라 할 것이다.

──────── 권15
〈육국연표〉

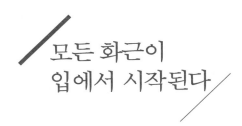

모든 화근이
입에서 시작된다

치아가 화근이다

齒牙爲禍
치 아 위 화

치아가 화근이다라는 의미인 치아위화는 '남을 비방하는 바람에 화를 불러왔다'는 속뜻을 갖고 있다. 이 성어의 이면에는 기원전 7세기 무렵 진나라에서 일어난 복잡한 정쟁이 얽혀 있다.

진나라 헌공은 재위 5년째 되던 해 여융족을 정벌하고 여희와 그 동생을 얻었는데, 둘 다 총애했다. 그런데 여희가 자신의 아들을 왕위에 앉히려고 태자 신생을 헐뜯고 모함해 결국 죽게 만들었다. 헌공이 사망하자 왕위 계승을 둘러싸고 치열한 정쟁이

인간의 길

일어나, 여희의 아들 해제와 여희의 동생이 낳은 도자까지 살해 당하고 말았다.

이 사건을 두고 사마천은 군자의 입을 빌려 다음과 같이 말했다.

《시경》에 백옥의 반점은 갈고닦을 수 있으나 잘못한 말은 고칠 수 없다(백규지점[白圭之玷] 상가마야[尚可磨也], 사언지점[斯言之玷] 불가위야[不可爲也])고 하였으니…… 애초에 헌공이 여융을 공격할 때 점괘에 치아가 화근이 된다고 나왔던 바, 여융을 쳐서 여희를 얻고 그녀를 총애하였으나 마침내 그 때문에 난이 일어났다.

이는 곧 여희가 태자를 비방하여 죽게 함으로써 내란이 발생했다는 얘기다. 당시 여희는 꿈에서 태자의 생모를 보았다며 태자에게 생모의 제사를 지내라고 했다. 그런 다음 제사 음식을 헌공에게 올리게 했다. 여희는 몰래 음식에 독을 탔다.

헌공이 제사 음식을 먹으려 하자, 여희는 짐승과 시종에게 시식하도록 하여 독이 들었음을 밝혔다. 헌공은 당연히 태자를 의심했고, 태자는 스스로 목숨을 끊었다. 태자의 동생들 역시 여희의 모함을 받아 타국으로 망명했다.

모든 화근은 입에서 시작된다고 한다. 말을 잘못해서, 해서는 안 될 말을 내뱉어서, 하지 않아도 될 말을 해서 자신과 남을 망친 사람이 어디 한둘인가?

근거 없이 비방하거나, 사적인 이익 혹은 욕심을 채우기 위해 남을 헐뜯고 모함하는 말은 삼가야 한다. '발 없는 말이 천 리 간다'는 속담을 절대로 그냥 흘려보내서는 안 된다.

혀는 칼보다 강하고, 말은 총보다 무섭다. 혀와 말은 양날의 칼이다. 말의 가치는 조심할수록 올라가고, 인간의 가치 또한 달라진다. 그래서 '언격(言格)이 인격(人格)'이라고 하는 것이다.

———————— 권39
〈진세가〉

인간의 길

4장
사람들 속에서
어떻게 행동할 것인가

有備無患
斷而敢行當斷不斷
反受其亂 掉三寸舌
不飛不鳴 發踪指示
大喜過望 目挑心招
白魚入舟 鷄鳴狗盜
死灰復燃 時難得而易失
不成三瓦 以權利交合者
利權盡而交疏)

부지런하기로는 세상에서 둘째가라면 서러워할 청년이 있었다. 그는 모든 방면에서 남들보다 잘하고 싶어했다. 하지만 어찌 된 일인지 진전이 없었다.

고민 끝에 그는 스님을 찾아가 고민을 털어놓았다. 가만히 듣던 스님은 제자 셋을 불러 "이 시주를 모시고 오리산에 올라가 나무를 한껏 해오너라" 하고 말했다. 청년은 세 명의 제자와 절 앞을 흐르는 개울을 따라 오리산으로 올라갔다.

얼마나 지났을까. 온몸이 땀에 젖은 청년이 나무 두 짐을 짊어지고 절 앞에 도착해 주저앉았다. 그 뒤를 이어 두 제자가 비교적 여유로운 모습으로 나타났다. 한 제자는 어깨에 각각 네 단씩, 총 여덟 단의 나무를 짊어졌고, 나머지 한 명은 뒷짐을 진 채였다.

그런데 가장 어린 제자가 보이지 않았다. 모두들 한숨 돌리고 있는데, 마지막 제자가 뗏목을 타고 내려왔다. 옆에는 나무 여덟 단이 실려 있었다. 스님은 미소를 지으며 청년을 쳐다보았다.

그러자 청년은 억울하다는 표정으로 "애초 나무를 여섯 단 했는데, 너무 힘이 들어 중간쯤 두 단을 버렸습니다. 내려오다 보니 네 단도 감당하기 어려워 다시 두 단을 버리고 겨우 두 단만 가져온 겁니다"라고 말했다.

함께 여덟 단을 가져온 두 제자는 "각자 나무 두 단씩을 지고 내려오는데, 버려진 두 단이 보이더군요. 그래서 번갈아 지고 내려오는데, 또 두 단이 있었습니다. 그래서 마저 가지고 왔지요"라고 했다.

일행은 약속이나 한 듯 가장 어린 제자 쪽으로 시선을 돌렸다.

그러자 그는 겸연쩍은 듯 머리를 긁으며 "애당초 저는 두 단도 짊어질 힘이 없었습니다. 그래서 한 단만 가지고 내려올까 생각하다 문득 개울을 보고는……"이라며 말꼬리를 흐렸다.

스님이 청년의 어깨를 가볍게 두드리며 말했다.

"노력보다 방법이 중요하다네."

잘못된 방법으로는 백 번을 풀어도 잘못된 답이 나올 뿐이다. 그래서 노력보다 방법이 중요하다고 하는 것이다. 방법은 생각에서 나온다. 그냥 생각이 아니라 길이 있는 생각이다. 이를 사로(思路)라 한다. 사로가 있어야 출로(出路)가 있다. 그래서 사마천은 "배우길 좋아하되 깊게 생각해야 마음으로 그 뜻을 알게 된다"고 말했다. 생각의 길은 인간관계에서 나의 행동을 결정한다. 특히 깊은 생각이야말로 바른 행동으로 안내하는 바른 길이다.

모든 성공에는 방법이 있고, 그 방법은 생각의 길에서 나온다. 그러기 위해서는 문제를 발견할 줄 알아야 한다. 문제를 잘 발견해야 문제를 풀 수 있는 방법을 생각할 수 있기 때문이다. '방법을 생각하는 것'은 곧 '이유를 찾는 것'이다. 따라서 정확한 사유는 문제 해결의 전제조건이 된다. 사유의 태도 내지 자세가 인생의 고도를 결정한다고 해도 과언이 아닐 듯하다.

방법을 찾아가는 사로가 꼭 직선은 아니라는 점을 우리는 기억해야 한다. 두 지점의 최단거리가 직선만 있는 건 아니라는 말이다. 문제가 100개라고 해서 방법 또한 100개는 아니다. 101개, 아니 그보다 훨씬 많을 수 있다. 보다 정확하고 융통성 있는 방법을 찾는 것이 중요하다.

그러기 위해서는 문제 자체를 동력으로 바꾸는 발상의 전환이 필요하다. 요컨대 창의력이 관건이다. '정해져 있는 규칙을 깨는 것이야말로 모든 문제 해결의 통로'이다. 이 장에 등장하는 이야기들은 틀에 박힌 생각과 행동에 대해 다시 한 번 생각해볼 것을 권한다.

생각과 행동에는 반드시 따르는 것이 있다. 바로 가치다. 내게, 또는 누군가에게 이로운가, 즉 가치가 있는지가 모든 생각과 행동의 핵심이다. 생각에 가치를 부여하는 것이 아니라, 가치를 염두에 두고 그 가치를 부여해나가는 것이 생각이다. 이것이 바로 생각의 길

'사로'이다.

그런데 사로의 과정에는 가치를 좀 더 키우려는 방법에 대한 생각이 동반된다. 여기서 '오차구역(誤差區域)'이 발생한다. 오차구역은 늘 존재하지만, 가치에 대한 집착이 욕심으로 바뀌면 오차가 아닌 '오인(誤認)'으로 변질된다. 오인은 오차구역 안으로 들어가지 못한다. 애당초 길을 잘못 들었기 때문이다. 잘못 든 길에서의 행동은 아무리 노력해도 바른 행동으로 인정받을 수 없다.

마지막으로, 사로는 출로를 위한 필수 전제조건이지만 출로까지 가는 과정에는 사로를 통해 도출한 방법의 실천이 반드시 뒤따라야 한다.

이 장에 등장하는 내용은 사로를 자극한다. 왜 그런 상황이 발생했을까? 그런 상황이 나에게 주어진다면 나는 어떻게 할까? 어떤 대처법을 사용할까? 글을 읽다 보면 우리가 어떻게 행동하는 것이 궁극적으로 옳은지 찬찬히 생각하는 시간이 될 것이다.

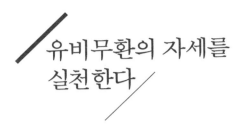

유비무환의 자세를
실천한다

날이 추워진 뒤라야 소나무와 잣나무가
늦게 시드는 것을 안다

歲寒然後知松柏之後凋也
세 한 연 후 지 송 백 지 후 조 야

명언 중에서도 유독 가슴 깊이 파고드는 것들이 있다. 그중 하나가 날이 추워진 뒤라야 소나무와 잣나무가 늦게 시드는 것을 안다는 뜻의 세한연후지송백지후조야이다.

이 성어의 출전은 《논어》지만, 사마천이 《사기》에 인용함으로써 더욱 빛을 발했다. 이 말 뒤에 사마천의 가슴 아픈 독백이 이어져 그 의미가 더욱 깊게 느껴진다.

온 세상이 어지럽고 흐린 때라야 비로소 깨끗한 선비가 드러난

인간의 길

다는 말이다. 어찌 부귀를 중요하게 여기는 풍조가 저와 같으며, 군자를 가볍게 여기는 풍조가 이와 같을까?

이 명언은 집안이 어려워지면 양처가 생각나고, 나라가 어려워지면 훌륭한 재상을 그리게 된다는 가빈즉사양처 (家貧則思良妻) 국난즉사양상(國亂則思良相)과 좋은 짝을 이룬다. 춘추시대 위나라 문후는 이극에게 위나라 재상이 될 만한 인물을 추천해달라고 요청했다.

"선생께서는 일찍이 이 사람을 가르치면서 말하길 집안이 어려워지면 양처가 생각나고, 나라가 어려워지면 훌륭한 재상을 그리게 된다고 하셨습니다. 지금 위나라의 재상감으로 성자와 적황이 있는데, 이 두 사람은 어떻습니까?"

이극은 문후에게 사람을 기용할 때 ①평소에는 가까운 사람을 살피고, ②부귀할 때는 왕래하는 사람을 살피고, ③관직에 있을 때는 그가 천거하는 사람을 살피고, ④곤궁할 때는 그가 하지 않는 일을 살피고, ⑤어려울 때는 그가 취하지 않는 것을 살피라고 충고했다. 더불어 인재를 추천하는 일이 나라 경영에 얼마나 중요한지 강조하면서 평소 인재들의 동향을 살펴두었다가 필요할 때 즉각 기용하라고 조언했다.

위기상황이 닥치면 유능한 인재가 더 필요해진다. 따라서 평소에 인재 양성정책과 이들을 활용할 방법을 강구해 두어야 한다. 지금 세계는 국경이라는 벽이 허물어져 가고 있다. 또한 물건이 아닌, 인재 경쟁의 시대로 급격하게 바뀌고 있다.

인재를 너무 오래 기다리게 해서는 안 된다. 인재가 기다림을 포기하면 그 피해는 인재 자신뿐만 아니라 우리 모두에게 영향을 미친다. 하루 늦으면 1년, 아니 10년 뒤처지는 것이 현실이다.

──────── **권61**
〈백이열전〉

──────── **권44**
〈위세가〉

인간의 길

순간의 판단과 선택이
운명을 바꾼다

자르고 과감하게 나아가라

斷而敢行
단 이 감 행

    진시황의 갑작스런 죽음은 천하를 소용돌이치게 만들었다. 그는 하루에 처리할 문서의 양을 저울로 달아놓고(형석양서[衡石量書]) 그것을 채우지 못하면 자지도 먹지도 않을 만큼 일벌레였다. 이처럼 엄청난 일욕심을 보인 진시황은 말하자면 친정형(親政形) 군주의 전형이었다. 그런 그가 사구라는 곳에서 급사했다.

    죽음을 예감한 진시황은 환관 조고에게 유언을 남기고 그 유언을 전할 전령을 불러들였다. 하지만 전령이 도착하기 전에 그는 숨을 거두고 말았다. 유언을 전해들은 인물은 오직 조고뿐이었다.

조고는 재빨리 머리를 써서 유언장을 감추었다. 오래 살기를 갈망했던 진시황이 몇 분을 버티지 못해 천하의 역사가 뒤바뀌는 순간이었다. 진시황의 죽음은 역사라는 눈으로 보면 불가항력적인 사건이다. 하지만 그의 죽음이 초래한 혼란과 수많은 희생을 생각하면 조금 이르지 않았나 하는 아쉬움이 들기도 한다.

약삭빠른 환관 조고의 손에 역사의 운명이 넘어가고 말았으니, 이 또한 운명의 장난이라 할 수밖에. 조고는 진시황이 후계자로 지명한 큰아들 부소 대신 능력이 떨어지는 만만한 작은아들 호해를 선택했다. 자신의 영달에 눈이 먼 조고로서는 당연한 선택이었다.

조고는 호해를 찾아가 설득했다. 하지만 호해는 아버지 진시황의 유언을 어길 수 없다며 버텼다. 이에 조고는 큰일을 할 때는 작은 일을 염두에 두지 않는 법이며, 덕이 있는 자라면 받아야 할 것을 사양하지 않는 법이라고 부추겼다.

"작은 것에 매여 큰일을 잊으면 반드시 해가 돌아옵니다. 의심하고 머뭇거리면 뒷날 반드시 후회할 것입니다. 자르고 과감하게 앞으로 나아가면 귀신도 피할 것이며, 성공할 것입니다. 공자께서는 어서 이 문제에 대해 결단을 내리십시오."

인간의 길

위협조로 다그치는 조고에게 호해는 승상 이사와 상의해 결정하라며 틈을 보였다. 호해가 거의 넘어왔다고 생각한 조고는 최대 걸림돌이라 할 수 있는 이사를 설득하기 시작했다.

"듣기에 성인은 항상 사물에 매이지 않고, 변화에 따르며, 때를 좇는다고 합니다. 또한 끝을 보고 근본을 알며, 나아가는 방향을 보고 돌아갈 곳을 안다고 합니다. 사물의 이치가 본래 이런 것입니다. 어찌 고정불변의 법칙이 있을 수 있겠습니까?

이제 천하의 권력은 호해에게 달려 있습니다. 그리고 이 조고는 호해의 뜻을 잘 알고 있습니다. 대체로 밖에서 안을 제압하는 것을 미혹(迷惑)이라 하고, 아래에서 위를 제어하는 것을 적(賊)이라 합니다. 가을에 서리가 내리면 풀잎과 꽃잎이 떨어지고, 얼음이 녹아 물이 흐르면 만물이 일어납니다. 이것은 필연적인 결과입니다. 그대는 어찌 그리 눈치가 느립니까?(하건지만[何見之晩])"

조고의 입을 당해내지 못한 이사는 조고와 호해의 편을 들어 이른바 '사구의 정변'을 성공시켰다. 큰아들에게 황제 자리를 물려주라는 절대권력자 진시황의 유언이 일개 환관의 손아귀에 농락당함으로써 천하는 돌이킬 수 없는 소용돌이로 빠져들었다.

재빠른 형세 판단은 난세는 물론 지금 같은 정보시대에도 필

수적이다. 하지만 궁극적으로 무엇을 지향하느냐에 따라 판단의 가치가 달라진다. 인생 역시 목적을 자신의 출세에 두느냐, 아니면 보다 높은 이상 추구에 두느냐에 따라 방향이 바뀐다.

역사는 수많은 원인과 결과가 오랜 시간을 거치며 쌓이고 쌓인 것이다. '순간의 판단과 선택' 또한 마찬가지다. 진시황이 몇 분만 더 살았다면, 호해와 이사가 조고에게 농락당하지 않았다면, 큰아들 부소와 장군 몽염이 그토록 쉽게 목숨을 끊고 군권을 내놓지 않았다면 어땠을까? 때로 역사는 여러 모로 아쉬움 덩어리다.

하지만 바르고 현명한 판단으로 역사를 풍요롭게 만들고 인류사에 희망을 준 사례 또한 많다. 판단과 선택, 결행은 늘 새로운 역사를 만들고, 역사의 방향 또한 바꾼다. 그 모든 과정에 우리의 사고가 관여한다.

'단이감행'을 강력하게 권하는 조고의 논리에 잘못된 점은 없다. 다만 조고의 지향점이 철두철미 사리사욕이었고, 호해에게 주동적이고 올바른 사고와 판단이 부족했기에 파탄으로 끝났을 뿐이다. 가장 바람직한 모습은 '단이감행'에 깊고 올바른 사유가 함께하는 것이다.

권87
〈이사열전〉

인간의 길

과도한 망설임은
무모함만 못하다

잘라야 할 때 자르지 못하면 도리어 화를 입는다

當斷不斷 反受其亂
당 단 부 단 반 수 기 란

진 멸망 후 중국을 재통일한 한나라는 초기에 잦은 내란을 겪었다. 각지에 왕으로 봉해진 공신들과 왕실 인척들이 황제 자리를 노리며 반란을 꾀했기 때문이다.

한 고조 유방이 죽은 뒤 그의 아내 여태후가 권력을 잡으면서 어느 정도 안정을 찾는 듯했다. 하지만 여태후가 죽자 대권 판도는 다시 요동치기 시작했다. 여태후와 여씨의 위세에 숨죽이던 유씨 왕족과 공신들이 움직이기 시작한 것이다.

제나라 애왕은 여태후를 등에 업고 득세한 여씨 일가를 제거하기 위해 군대를 일으킬 계획을 세웠다. 그런데 이를 안 여씨 일파의 재상 소평이 먼저 군대를 일으켜 제나라 왕궁을 포위해 버렸다.

절체절명의 순간 한나라 조정에서 군대징발권을 상징하는 호부(虎符)가 아직 내려오지 않았다며 위발이 제나라 왕궁을 지키겠노라 나섰다. 소평은 그 말을 믿고 군대를 그에게 넘겼다.

그러자 위발은 군사를 소평에게로 돌렸고, 소평은 스스로 목숨을 끊었다. 마지막을 선택하며 소평은 "오호라! 도가에서 말하길 잘라야 할 때 자르지 못하면 도리어 화를 입는다더니, 지금 내가 바로 그 꼴이구나!" 하고 탄식했다고 한다.

《사기》에는 때를 놓쳐 몸을 망친 인물들에 대한 이야기가 많이 등장한다. 명장 한신이 그랬고, 월나라의 대부 문종이 그러했다. 반면 범려와 장량은 절정의 순간에 욕심과 미련을 버리고 물러남으로써 편안한 상태로 삶을 마감했다. 어느 경우든 핵심은 '욕심'이라는 인성의 약점을 극복했느냐에 따라 삶의 결말이 달라졌다는 것이다.

'쇠는 달구어졌을 때 때려야 한다'는 서양 격언이 있듯이 기회는 왔을 때 잡아야 한다. 물론 정당한 방법으로 말이다. 그러나 그에 앞서 기회가 기회인 줄 아는 혜안을 갖추어야 한다.

인생도 경영도 결단의 예술이다. 결단은 축적된 경험과 그 경험에 대한 반추의 산물이다. 이는 바둑 고수가 자신이 둔 기보(棋譜)를 끝없이 복기하는 것과 같다. 반추 없는 경험의 축적은 쓰레기를 쌓는 일과 같다. 결단이 지혜의 차원에 놓여 있다는 말에 공감하는 이유가 여기에 있다.

물론 결단에 따른 결과는 당연히 결단의 주체가 책임져야 한다. 책임 없는 결단은 무모하다. 흔히 결단을 망설이는 이유는 결과에 대한 책임 때문이며, 이는 지극히 정상적인 반응이다. 다만 결단을 내려야 할 때 내리지 못하면 무모함보다 못한 무책임으로 귀결될 가능성이 크다.

그렇다고 무조건 결단을 내리는 것이 좋은 건 아니다. 상황에는 늘 변수가 존재하기 때문이다. 그런 점에서 기다리는 것도, 한 발 물러서는 것도 결단이다. 생각의 길이 그쪽으로 나 있다면 말이다.

——————— **권52**
〈제도혜왕세가〉

사람을 죽이기도 살리기도 하는 무서운 무기

세 치 혀를 놀리다

掉三寸舌
도 삼 촌 설

　진시황이 죽고 천하가 요동치면서 귀족 세력을 대변하는 항우와 평민의 이익을 대변하는 유방의 세력이 팽팽히 맞서는 상황이 펼쳐졌다.

　초기에는 항우가 주도권을 장악했으나, 인재를 적절하게 등용한 유방이 그에 필적할 만한 힘을 갖게 되었다. 두 세력이 아슬아슬하게 균형을 이룬 상황에서 막강한 군대를 가진 한신이 천하의 대세를 좌우할 주요 변수로 등장했다.

　한신의 책사 괴통은 한신의 역량이면 얼마든지 항우, 유방과 더불어 천하를 삼분해 이른바 정족지세(鼎足之勢)를 이룰 수 있다고 말했다. 괴통의 '천하삼분' 건의는, 제나라가 역생이라는 유세가의 설득에 넘어가 유방에게 항복했다는 소식을 들은 한신이 제나라 공격을 망설이는 와중에 나왔다. 사실 한신은 제나라를 공격하라는 명령을 유방에게 미리 받아놓은 상황이었다. 괴통의 유세를 들어보자.

"장군은 한왕의 명령을 받고 제나라를 공격하는 것입니다. 그런데 한왕(유방)이 몰래 밀사를 보내 제나라의 항복을 받았다고 합니다. 아직 장군께 제나라 공격을 중지하라는 조서는 없지 않습니까? 그러니 어찌 제나라 공격을 중지할 수 있겠습니까?

(제나라로부터 항복을 받아냈다는) 역생이란 자는 한낱 변사에 지나지 않습니다. 이자는 (권력자의) 수레를 붙들고 엎드린 채 세 치 혀를 놀려 제나라 70여 개 성의 항복을 받았다고 합니다.

장군께서는 수만 군대를 이끄는 장수로, 한 해가 넘었는데 겨우 조나라 50여 개 성을 평정하셨을 뿐입니다. 장수로 몇 년을 있었는데 보잘것없는 유생의 공만 못하단 말입니까?"

'세 치 혀'는 한 사람을 죽이기도 하고 살리기도 한다. 심지어 천하의 정세를 좌우할 수 있는 무시무시한 무기다.

말은 종종 생각의 통제를 벗어난다. 그래서 인간의 모든 화복이 '세 치 혀'에서 비롯된다고 한다. 괴통의 세 치 혀가 한신을 본격적으로 설득하는 과정을 살펴보자.

"장군은 한왕과 친하다 생각하고 만세의 대업을 세우려 하십니다. 하지만 가만히 생각해 보니 그것은 잘못입니다. 상산왕 장평(장이)과 성안군 진여가 가난할 때는 서로의 목을 내놓을 정도로 뜨거운 우정(문경지교)으로 맺어져 있었습니다. 그러다 진택의 일 등으로 다투는 바람에 서로를 원망하기에 이르렀습니다.

두 사람이 우정을 나눌 때는 천하에 둘도 없을 정도로 친했습니다. 그럼에도 끝내 서로를 죽이려 한 것은 무슨 까닭이겠습니까? 근심은 욕심이 많아서 생겨나고, 사람의 마음은 헤아리기 어렵기 때문입니다."

인심과 세태의 방향은 헤아리기가 무척 어렵다는 뜻의 '인심난측(人心難測)'은 평범하지만 서글픈 현실을 함축적으로 표현하는 성어다. 한신이 망설이자 괴통은 며칠 뒤 다시 찾아와 설득한다.

"지혜는 과감히 판단을 내리게 하고, 의심은 행동을 방해합니다(지자결지단야[知者決之斷也] 의자사지해야[疑者事之害也]). 터럭처럼 사소한 계획을 꼼꼼히 따지고 있으면 천하의 큰 운수는 새카맣게 잊어버립니다.

지혜로 그것을 알고 있으면서 결단을 내려 행동으로 옮기지 못하면 모든 일의 화근이 됩니다. 그래서 이런 말이 생겨난 것입니다. 호랑이가 머뭇거리는 것은 벌이 침으로 쏘는 것만 못하고, 준마가 갈까 말까 망설이는 것은 늙은 말의 느릿한 한 걸음만 못합니다. 맹분같이 용감한 자라도 혼자 의심만 하고 있으면 평범한 필부의 하고야 마는 행동만 못한 것입니다.

그러니 순이나 우 임금 같은 지혜가 있다 한들 입 안에서 웅얼거리기만 하고 내뱉지 못한다면 벙어리와 귀머거리가 지휘하는 것만 못합니다. 대저 공로란 이루기는 어렵지만 실패하기는 쉽습니다. 좋은 때를 만나는 경우는 두 번 연거푸 오지 않는 법입니다."

참으로 대단한 논리다. 철석같은 심장도 움직일 법한 설득력이다. 괴통은 생각과 행동의 경계를 결단에서 찾으며, 생각이 결단으로 나아가지 못하면 화가 닥친다고 말한다.

이처럼 괴통이 한신을 위해 제시한 출구가 바로 '천하삼분'이었다. 그러나 한신은 '천하삼분'에 확신도 자신도 없었다. 생각은 있었지만 출로를 찾지 못했다. 결국 그는 유방에게 토사구팽 당하고 말았다.

당시 한신은 천하삼분을 받아들이지 않는 이유로 어려울 때 '먹을 것과 입을 것을 나누어준' 유방을 배신할 수 없다는 논리를 내세웠다. 괴통의 '천하삼분'에 비하면 옹색하기 짝이 없다.

한신을 제거한 유방은 천하를 삼분하라고 부추긴 괴통을 잡아들였다. 괴통은 처형당하기 직전 "아아, 원통하구나! 이렇게 삶기다니!"라며 억울함을 토로했다.

유방은 한신에게 배반을 부추긴 자가 무엇이 원통하냐고 다그쳤다. 괴통은 기다렸다는 듯 말을 시작했다.

"진나라가 사슴을 잃으니 천하가 모두 그것을 뒤쫓았습니다. 이런 때는 키 크고 발이 **빠른** 자가 먼저 **얻게**(질족선득[疾足先得]) 되어 있습니다. 도척의 개가 요 임금을 향해 짖은 것(척구폐요[跖狗吠堯])은 요 임금이 어질지 않아서가 아닙니다. 개란 동물은 본래 주인이 아니면 짖게 되어 있기 때문입니다.

당시 신은 한신만 알았을 뿐 폐하는 알지 못했습니다. 그뿐 아니라 당시 천하에는 날카로운 칼을 잡고 폐하가 지금 이렇게 하신 일을 직접 해보려는 사람이 많았습니다. 돌이켜보면 그들에게는 그렇게 할 힘이 없었습니다. 헌데 폐하께서 그들을 모두 삶아 죽이셔야겠습니까?"

　괴통은 주인을 위해 충성을 다했을 뿐이라는 교묘한 논리로 유방을 설득해 목숨을 부지했다. 상황에 따라 취해야 할 행동은 여러 가지일 수 있다. 대체로 남보다 한 발 앞서나가 주도권을 잡느냐, 아니면 사태를 지켜보다 상대를 추월하느냐로 요약된다.

——— 권92
〈회음후열전〉

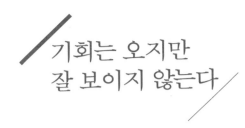

기회는 오지만
잘 보이지 않는다

시기란 얻기는 어려워도 잃기는 쉽다

時難得而易失
시 난 득 이 이 실

우리에게 강태공으로 잘 알려진 여상은 문왕의 스승이다. 그
는 문왕의 아들 무왕을 도와 은나라를 멸망시키고 주나라를 세
우는 데 큰 공을 세웠다. 여상은 그 공을 인정받아 지금의 산동
성 동부지역을 봉지로 받고 제나라를 세워 제나라의 시조가 되
었다.

당시 백이와 숙제가 은나라를 치려는 무왕의 앞길을 막아섰는
데, 강태공이 그들을 의인이라며 변호해 살려주었다.

강태공의 출세 뒤에는 고난의 시간이 있었다. 그는 나이 60이 되도록 변변한 직업 없이 책만 끼고 살았다. 견디다 못한 아내 마씨는 이혼을 요구하고 그의 곁을 떠났다.

훗날 강태공은 귀한 몸이 되어 봉지인 제나라로 길을 떠났다. 그런데 웬 여인이 길바닥에 엎드려 울고 있는 것 아닌가? 바로 강태공을 떠나간 그의 부인이었다. 그녀는 강태공에게 다시 예전 관계로 돌아가고 싶다고 애원했다.

그러자 강태공은 수하에게 물을 한 바가지 떠오게 해 땅바닥에 뿌리고는 복수불반분(覆水不返盆)이라고 말했다. 엎질러진 물은 다시 그릇으로 돌아갈 수 없다는 뜻이다. 우리가 흔히 사용하는 '엎질러진 물은 주워 담을 수 없다'는 표현과 비슷하다.

그런데 강태공 일행의 행차가 무척이나 더뎠던 모양이다. 그가 묵었던 여관 주인이 말했다.

"제가 듣기에 시기란 얻기는 어려워도 잃기는 쉽다고 했습니다. 잠자는 모습이 편안해 보이는 것이 마치 봉국으로 부임해 가는 사람이 아닌 것 같습니다."

여관 주인의 말에 정신이 번쩍 든 강태공은 야밤에 옷을 챙겨 입고 행차를 재촉했다(야의이행[夜衣而行]). 천하를 평정했다며 잠시 마음을 풀고 있던 강태공에게 가해진 따끔한 질책이 었다.

기회는 왔을 때 잡아야 한다. 때를 놓치면 일 전체가 어긋나기 마련이다. 한번 놓친 기회를 다시 잡으려면 전보다 몇 배 아니 몇십 배의 대가를 치러야 한다.

사마천은 〈회음후열전〉에서 책사 괴통의 입을 빌려 다음과 같이 말한다.

"무릇 신이 듣기에 하늘이 주시는데도 받지 않으면 도리 어 허물을 뒤집어쓰며, 때가 왔는데도 과감하게 행동 하지 않으면 도리어 재앙을 받는다(천여불취[天與弗取] 반 수기구[反受其咎], 시지불행[時至不行] 반수기앙[反受其殃])고 했습니다. 깊이 생각하십시오."

한신은 때가 왔는데 머뭇거리다 결국 허물과 재앙을 모조리 뒤집어쓰고 말았다. 기회는 오지만 잘 보이지 않는다. '기회'의 '기(機)'를 '낌새'로 해석하는 이유가 여기에 있다. 낌새는 알아채기 어렵기에 대개 머뭇거린다. 머뭇거림은, 나아가는 것은 물론이거니와 물러나는 것보다 좋지 않다. 진퇴(생각)의 언저리는 늘 지뢰밭이기 때문이다. 선을 확실하게 긋든지 넘든지 해야 한다. 그

인간의 길

래야 적어도 적과 아군 정도는 구분할 수 있다.

그렇다면 생각의 언저리에서 누가 빨리 길을 찾느냐가 문제 해결과 상황 대처의 관건이 될 것이다. 언저리만 맴돌아서는 문제를 발견하기조차 어렵다. 언저리를 벗어나야 생각의 길이 열리고 출로가 보인다.

———————— **권32**
〈제태공세가〉

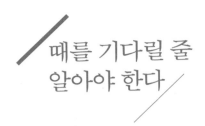

때를 기다릴 줄
알아야 한다

날지도 않고 울지도 않는다

不飛不鳴
불 비 불 명

'불비불명'은 아무 일도 하지 않고 게으름을 피우거나 놀기만
하는 모습을 비유하는 성어다.

춘추시대 초나라 장왕은 왕위에 오른 뒤 3년 동안 향락만 일
삼았다. 그러던 어느 날 신하 오거가 그에게 수수께끼를 냈다.

"3년을 날지도 울지도 않는 새가 있다면, 대체 그것은 어떤 새
입니까?"

술에 취한 장왕은 애첩을 품에 안은 채 느릿느릿 대답했다.

인간의 길

"3년을 날지 않았다면 장차 날았다 하면 하늘을 찌를 듯이 날 것이고, 3년을 울지 않았다면 장차 울었다 하면 사람을 놀라게 할 것이다. 무슨 말인지 알았으니 그만 물러가도록 하라."

그 후 몇 달이 지났지만 장왕은 음탕한 생활에서 벗어나지 못했다. 대신 소종이 참지 못하고 장왕에게 바른 말로 충고했다. 그러자 장왕이 말했다.

"만약 그대 말을 듣지 않겠다면?"

"이 몸이 죽어서 군주가 현명해진다면야 무엇을 더 바라겠습니까?"

3년은 꽤 긴 시간이다. 중국사에는 즉위 후 3년 동안 말하지 않고 지냈다는 임금이 상당히 등장하는데, 여기서 삼년불언(三年不言) 또는 삼년무언(三年無言)이란 성어가 나왔다. 그런데 이 3년에는 만만치 않은 복선이 깔려 있다.

복선의 실마리는 수수께끼에 대한 장왕의 대답에서 찾을 수 있다. 장왕은 3년을 날지도 울지도 않은 새라면 장차 날았다 하면 하늘을 찌를 듯이 날고, 울었다 하면 사람을 놀라게 할 것이라고 말했다. 여기서 일비충천(一飛沖天) 일명경인(一鳴驚人)이란 성어가 파생되었다.

그 뒤로 장왕은 향락에서 벗어나 정무에 힘을 쏟기 시작했다.

사실 그는 3년을 놀고먹기만 한 게 아니었다. 자신을 둘러싼 정세와 주변 신하들을 차분히 살펴보았던 것이다. 그 정보들을 토대로 오거와 소종을 재상에 발탁함으로써 백성들에게 호평을 받았다. 초나라의 국력은 하루가 다르게 강해졌고, 단숨에 정나라를 정벌해 천하의 패자가 되었다.

'삼년불언'은 훗날 '구년불언(九年不言)'으로 과장되어 나타나기도 했다. 둘 다 필요하면 기다릴 줄 알아야 한다는 의미가 담겨 있다.

사람은 때를 기다릴 줄 알아야 한다. 그러나 준비하지 않는 기다림은 시간 낭비에 지나지 않는다. 높이 날기 위해 새가 날개를 추스르고, 멀리 뛰기 위해 개구리가 몸을 움츠리듯 모든 일에는 준비가 필요하다.

이때의 준비란 기다림 속에서 상황 변화를 예의주시하고 깊이 생각하며, 사물과 일의 실마리를 찾아가는 것을 말한다. 그래야 한번 날았다 하면 반드시 하늘까지 이를 것이다. 이것이 바로 장왕이 말한 '일비충천 일명경인'이며, 한비자가 말한 날았다 하면 반드시 하늘을 찌른다는 비필충천(飛必沖天)이다.

이 고사에서 우리는 장왕뿐만 아니라, 장왕의 가능성을 믿은 오거와 소종의 기다림까지 눈여겨봐야 한다. 그 기다림이 없었다면 장왕의 '삼년불언', '일비충천'은 모두 부질없는 것이 되었

인간의 길

을 터이다. 사람을 쉽게 포기하지 않는 기다림이야말로 그 어떤
것보다 소중하다.

─────── **권126**
〈골계열전〉
─────── **권40**
〈초세가〉
───────
《**한비자**》〈유로〉

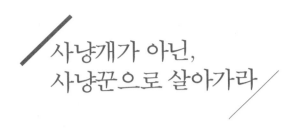

사냥개가 아닌,
사냥꾼으로 살아가라

개의 줄을 놓아 뒤쫓을 방향을 지시하다

發踪指示
발 종 지 시

유방은 항우와의 쟁패전에서 5년 만에 승리를 거두었다. 천하
평정 후 공을 세운 사람들의 논공행상이 벌어졌다. 모두들 한자
리를 기대하며 유방의 입만 바라보았다.

사람들의 가장 큰 관심사였던 일등공신은 유방과 고향이 같
은 친구이자 참모 소하로 결정되었다. 그러자 상당한 불만과 반
발이 뒤따랐다. 상에 대한 기대는 늘 실제 역할보다 크기 마련이
다. 특히 전방에서 목숨을 걸고 싸운 무장들의 불만이 커서 반란
직전까지 이르렀다. 그들 눈에 소하는 후방에서 크게 하는 일 없

214

이 편하게 지낸 인물이었기 때문이다. 이런 분위기를 감지한 유방은 상황을 세세하게 설명했다.

유방 그대들은 사냥을 아는가?

공신들 (어리둥절한 표정을 지으며) 물론 압니다.

유방 사냥에서 짐승이나 토끼를 쫓아가 죽이는 것은 사냥개지만, 개의 줄을 놓아 뒤쫓을 방향을 지시하는 것은 사람이다. 그대들은 짐승을 잡았을 뿐이니 '사냥개의 공로'와 같다. 그러나 소하로 말하자면, 개의 줄을 놓아 방향을 지시하는 사람이니 '사냥꾼의 공로'와 같다.

이 대목에서 사냥개의 공로란 뜻의 공구(功狗)와 사냥꾼의 공로란 뜻의 공인(功人)이란 개념이 등장한다. 특히 유방은 발종지시를 두 번이나 반복하며 '줄을 놓아 사냥감이 있는 방향을 지시하는' 사냥꾼의 역할을 강조했다. 즉, 사냥개와 사냥꾼 중 '누가 더 큰 상을 받아야 하는가'라는 유방의 쾌도난마 같은 논리다. 이에 공신들은 입을 다물 수밖에 없었다.

지금이라고 덜하지는 않겠지만, 고대사회에서 이른바 막료(참모)의 역할은 참으로 중요했다. 유방은 이 점을 누구보다 잘 알았기에 소하를 일등공신으로 꼽은 것이다. 과연 최고 리더로서

손색이 없는 인물이었다.

누구나 1인자 또는 1등이 되려 하는 세상이다. 어쩌면 불안한 1인자보다 확실한 2인자가 나을 수도 있다. 중국 현대사에서 주은래 없는 모택동은 상상할 수 없다. 모택동은 1인자, 주은래는 2인자였지만, 중국 사람들은 마음속으로 주은래를 더 존경한다.

정치가 되었건 사업이 되었건 중요한 것은 결국 어떻게 살았느냐다. 1인자니 2인자니 하는 구분 자체가 무의미하다. 식상한 말 같지만 각자의 역할에 충실할 때 세상이 밝아진다.

세상이 좀 더 나은 쪽으로 가려면 자기 역할에 대한 정확한 인식이 필요하다. 지금까지 '사냥꾼'으로 살아왔는지, 사냥꾼의 '발종지시'대로 움직이는 '사냥개'로 살아왔는지 정도는 스스로 판단할 수 있지 않을까?

_____ **권53**
〈소상국세가〉

인간의 길

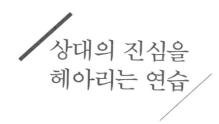

상대의 진심을
헤아리는 연습

기대 밖이라 크게 기뻐하다

大喜過望
대 희 과 망

기대 이상으로 결과가 좋거나 대접을 후하게 받으면 대개 기
뻐하기 마련이다. 이럴 때 쓰는 성어가 〈경포열전〉에 나오는 대
희과망이다.

경포는 뛰어난 무장으로, 항우 밑에 있다가 유방에게 도망가
몸을 맡겼다. 경포가 자신을 의탁하기 위해 유방의 군영을 찾아
갔을 때의 모습이다.

회남왕 경포가 찾아왔을 때, 한왕 유방은 평상에 걸터앉아 시

종에게 발을 씻게 하다가 그대로 경포를 불러 인사를 올리게 했
다. 이에 경포는 매우 화가 나 한나라로 온 것을 후회하고 자살까
지 생각했다.

그런데 유방의 막사에서 나와 숙소에 이르니, 숙소의 장막과 음
식, 시종 등이 한왕의 거처와 다를 바 없었다. 경포는 기대 밖의
과분한 대접에 크게 기뻐했다.

기대 밖의 과분한 대접을 받는다면 기분은 좋겠지만, 잠시 생
각해볼 필요가 있다. 상대가 진정으로 바라는 것이 무엇인지를
말이다.

경포는 허례허식을 좋아했던 모양이다. 유방은 그를 회남왕으
로 봉했지만, 사랑하는 첩을 의심하고 질투한 나머지 결국 모반
죄로 죽임을 당하고 나라까지 잃었다.

사마천은 경포에 대해 이렇게 평했다.

경포는 늘 살육에 앞장선 인물로 전투에서 세운 공이 제후들 중
에서 으뜸이었다. 그래서 왕이 되었지만, 그 자신은 세상의 저주
를 벗어나지 못했다. 그는 사랑하는 여자 때문에 화를 입었고, 질
투가 난을 낳았으며, 마침내 나라도 망했다.

필요한 인재를 포섭할 때는 상대의 기대를 뛰어넘는 과분한 대접으로 마음을 사로잡아야 한다. 반면 나 자신이 그런 대접을 받았을 때는 상대의 의도를 잘 생각해봐야 한다. 과분한 대접이 마음에서 우러나온 행동인지, 아니면 불순한 의도가 포함된 것인지를 말이다. 그 행동 속에 포함된 진심의 무게를 따로 달아볼 필요가 있다는 얘기다.

하기야 진심의 무게를 누가 무슨 수로 달겠는가? 이래저래 인간관계는 나와 상대의 '사유의 틀(관념)'과 '사유의 길(방법)'을 서로 교차시키며 심각하게 고려해야 하는 대상이다. 이것이 나와 상대의 진심의 무게를 헤아리는 최소한이자 최선의 방법이다. 그러고도 안 되면 마음을 내려놓고 물러서는 쪽이 현명할 것이다. '대희과망' 뒤에는 이렇듯 씁쓸한 이치가 꿈틀거리고 있다.

——————— **권101**
〈경포열전〉

이해관계의 본질을
인정한다

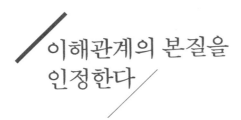

눈짓으로 유혹하여 마음을 사로잡다

目挑心招
목 도 심 초

　인간은 이해관계에 민감하다. 좀 심하게 말하면 이해관계 속
에 파묻혀 산다.

　지금까지 우리는 이해관계에 대해 위선적이고 이중적인 자세
를 취해왔다. 한편으로는 그것을 갈망하면서, 다른 한편으로는
천시해온 것이다. 이런 태도 때문에 어려운 시기나 상황을 슬기
롭게 헤쳐나가지 못하고 악화시키는 경우가 많았다. 더 심각한
문제는 그 때문에 우리의 인식과 가치관에 파탄이 일어나고 인
간을 불신하게 된다는 사실이다.

인간의 길

따라서 우리에게는 무엇보다 올바른 이해(利害)관계가 중요한데, 이것은 이해(理解)가 전제되어야 한다. 관계를 맺는 서로에 대한 이해일 뿐 아니라, 이해(利害)와 그 본질에 대한 이해를 의미한다. 요컨대 인간관계를 순리대로 풀기 위해서는 이해(利害)에 대한 솔직한 자세와 진지한 접근이 필요하다.

사마천은 인간의 이해관계를 경제와 관련시킨 솔직하고 대담한 경제론을《사기》에 남겼다. 주로 경제 이론을 다룬 〈평준서〉, 경제와 이해관계에 대한 구체적 실례들을 모은 〈화식열전〉이 그것이다. 이 두 편에는 경제와 인간의 이해관계, 부와 사회적 관계, 인간관계에서 이해가 차지하는 비중 등에 관한 사마천의 식견과 논리가 잘 드러난다.

목도심초는 이해를 좇는 인간의 세태를 여자가 남자를 홀리는 것에 비유하고 있다. 사마천의 말을 들어보자.

조나라 미인과 정나라 미인이 예쁘게 화장하고 거문고를 든 채 긴 소매를 흔들며 사뿐한 발걸음으로 다가오는 것, 눈짓으로 유혹하여 마음을 사로잡기 위해 천리를 멀다 않고 달려오는 것, 늙고 젊음을 가리지 않는 것은 돈 많은 곳으로 달려가기 위함이다.

사마천의 지적에 거부감이 들 수도 있다. 하지만 인정할 것은 인정해야 한다. 비록 정도의 차이는 있겠지만, 사실 누구나 '목도심초'하며 살고 있지 않은가?

이해(利害)관계의 궁극적인 목적이 세상과 인간에 대한 올바른 이해(理解)에 있다는 것만 놓치지 않는다면, 우리의 이중적 태도를 솔직히 인정하는 것은 이내 후련함으로 승화될 것이다. 떳떳하게 이해관계를 추구할 때 정당한 권리를 보장받고 존중받을 수 있다.

이해관계의 본질은 이익과 손해의 공평하고 공정한 분배, 그에 따른 사회적 가치의 인정에 있다. 문제는 관계와 이해 중 어느 쪽으로 몸을 기울이느냐에 따라 '관계'는 변질되고 '이해'만 누명을 쓰게 된다는 데 있다.

애당초 나쁜 이해와 나쁜 관계는 없다. 그런데도 관계는 오해를 받고 이해가 손가락질을 받는 이유는 그 사이에 인간의 탐욕과 이기심이 작용하기 때문이다. 이해와 오해 사이를 끊임없이 오가며 관계의 균형을 잡거나 파탄내는 것이 바로 '목도심초'다.

———————— **권129**
〈화식열전〉

인간의 길

이해관계가 해제되면
인간관계는 멀어진다

권세와 이익으로 뭉친 자들은
권세와 이익이 다하면 멀어지기 마련이다

以權利交合者 利權盡而交疏
이 권 리 교 합 자 이 권 진 이 교 소

인간은 저마다 이익집단을 이루며 살아간다. 사회가 건전할 경우 이익집단은 서로 이익을 주고받으며 균형을 이룬다. 다시 말해, 이익이 적절히 분배되면 이익집단끼리 큰 문제 없이 공존할 수 있다.

그러나 세상이 어려워지면 다수의 이익을 대변한다는 명분 아래 집단 이기주의를 드러내기 마련이다. 개개인의 이기주의가 단체에 기대어 사회의 역기능으로 작용하는 것이다. 춘추시대 정나라에서 일어난 사건을 통해 이 문제를 생각해보자.

기원전 697년 정나라에 내분이 일어나자 재기를 노리던 여공은 정나라를 공격해 대부 보하를 사로잡았다. 여공은 자리와 이권을 미끼로 보하를 유혹해 자신의 복위를 돕도록 맹세하게 했다. 보하는 맹세한 대로 정자와 그의 두 아들을 죽이고 여공을 맞아들여 복위시켰다.

　약 20년 만에 자리를 되찾은 여공은 약속과 달리 보하가 군주를 모시는 데 두 마음을 품고 있다며 죽이려 했다. 그러자 보하는 스스로 목을 매고 죽었다.

　진(晉)나라의 대부 이극은 헌공이 총애하던 여희가 낳은 두 아들 해제와 도자를 죽이고 진(秦)나라에 망명해 있던 공자 이오를 맞아들여 군주로 옹립하였다. 그가 바로 혜공이다.

　혜공은 즉위 후 이극에게 "그대가 없었다면 나는 군주가 될 수 없었을 것이다. 하지만 그대는 두 명의 진나라 군주를 죽였다. 그러니 내가 어찌 그대의 군주가 될 수 있겠는가"라며 죽음을 강요했다.

　진나라의 또 다른 대부 순식은 죽음을 앞둔 헌공이 어린 해제와 도자를 잘 보살펴 그들을 진나라 군주로 옹립해달라고 부탁하자, 목숨을 걸고 그러겠노라 맹세했다.

　하지만 그 역시 해제와 도자에 이어 이극에게 피살되었다. 순식은 목숨으로 절개를 지켰으나 해제와 도자를 죽음에서 구해내진 못했다.

두 사건을 함께 거론한 사마천은 〈정세가〉에서 그것의 본질을 이렇게 말했다.

권세와 이익으로 뭉친 자들은 권세와 이익이 다하면 멀어지기 마련이다. 보하가 그러했다.

보하는 정나라 군주를 겁박하여 여공을 맞아들였지만, 여공은 끝내 그를 배신해 죽게 했다. 이것이 진나라의 이극과 뭐가 다른가?

절개를 지킨 순식은 자신의 몸을 버리고도 해제를 지키지 못했다. 형세의 변화에는 다양한 원인이 작용하기 때문이다!

사마천의 지적처럼 상황이 시시각각 달라지는 데는 많은 원인이 작용한다. 그중 가장 강력하고 추악한 요인이 권세와 이익일 것이다. 인간관계도 궁극적으로는 이해관계라고 할 수 있다. 이해관계가 해제되면 인간관계가 멀어진다는 사실이 그것을 증명한다. 물론 이해관계를 넘어서는 인간관계도 분명 존재한다. 가족일 수도, 친구 혹은 연인일 수도 있겠다.

어느 것이 되었건 그 관계는 우리의 마음 깊숙한 곳에 자리잡고 있는 '선(善)'의 표출이다. 그리고 그것은 이기심에 눌려 있지만 결코 질식하지 않는 우리의 희망이다.

─────── **권42**
〈정세가〉

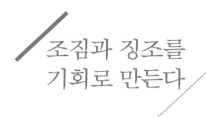

조짐과 징조를
기회로 만든다

흰 물고기가 배 안으로 튀어 들어오다

白魚入舟
백 어 입 주

　큰일을 앞둔 사람은 사소한 일에도 특별한 의미를 부여한다. 또 어떤 일은 절대 하지 않는 금기의 행동을 보이기도 한다. 징조는 이러한 인간의 약한 인성에서 비롯된 것으로, 여론을 형성하는 방법 또는 수단으로 쓰이거나 나라의 흥망을 예고하는 것으로 확대 해석되기도 한다.

　포악한 정치를 펼치던 은 주왕을 무너뜨리기 위해 주 무왕이 맹진에서 회합을 요청하자 800명의 제후가 모여들었다.

인간의 길

강태공이 제후들에게 호령했다.

"그대들의 사람을 모두 집합시키고 배를 잘 정돈하시오! 늦게 오는 자는 목을 벨 것이오!"

무왕이 강 중류에 이르렀을 때 흰 물고기가 (왕의 배 안으로) 튀어 들어왔다. 무왕은 몸을 숙이고 물고기를 들어올려 제를 지냈다.

강을 다 건너자 하늘에서 불덩이가 내려와 왕이 머물던 곳의 지붕을 덮치더니 까마귀로 변하였는데, 붉은색에 울음소리를 내었다. 이때 날짜를 정하지도 않고 맹진에 모인 제후가 800명에 이르렀다. 제후들은 한결같이 "주를 정벌할 수 있습니다"라고 하였다.

무왕은 "그대들은 천명을 모른다. 아직은 안 된다" 하고는 곧 군사를 돌려 되돌아갔다.

난데없이 흰 물고기가 배 안으로 튀어 들어오는 것을 보고 사람들은 주 무왕이 은 주왕을 무너뜨릴 좋은 징조라고 말했다. 무왕은 그 물고기를 손수 들어올려 제사를 지냈다. 흰색을 숭상한 은나라를 정벌하기 전에 흰 물고기로 제사를 지낸 것이다.

하지만 무왕은 바로 은나라를 정벌하지 않고 완벽한 기회를 엿보는 준비정신을 보였다. 결국 강태공과 무왕은 조짐을 기회로 창출했다. 이후 '백어입주'는 일이 성공하거나 전쟁에서 승리할 길조를 가리키는 성어가 되었다.

조짐이나 징조는 영어의 징크스에 해당한다. 하지만 징크스는 재수 없고 불길한 사람 혹은 물건과 관련된 용어이므로, 엄밀히 따지면 의미가 다르다. 그러나 특이한 현상을 어떻게 받아들이느냐에 따라 조짐이나 징조가 징크스로 작용할 가능성은 늘 열려 있다. 무왕이 배 위로 튀어 들어온 흰 물고기를 불길하게 보았다면, 이는 징크스로 작용했을 것이다.

요즘 같은 우주시대에도 비합리적인 금기와 징조는 여전히 위세를 떨치고 있다. 불길한 징조든 상서로운 징조든 결국은 우리가 생각하고 행동하기 나름 아닐까? 최선을 다하고 담담하게 결과를 기다릴 줄 아는 사람에게는 어떤 현상이든 긍정적으로 인식될 것이다.

이런저런 징크스가 많을수록 자신에게 다가온 기회를 제대로 인식하지 못할 확률이 높다. 징크스에 마음을 빼앗겨 주변을 지나치게 경계하고 배제할 것이기 때문이다. 기회는 도처에 웅크리고 있지만, 우리는 대체로 다가온 기회에 둔감한 편이다. 신중하고 열린 마음으로 기회를 받아들이고 자기 것으로 만들어야 한다.

———— **권4**
〈주본기〉

인간의 길

하찮은 재주도
필요할 때가 있다

닭 울음소리와 개 짖는 소리를 흉내내는 재주

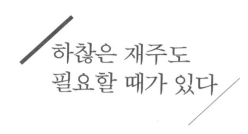

鷄鳴狗盜
계 명 구 도

　춘추시대 말기를 풍미한 '4공자'의 한 사람으로 수천 명의 식객을 거느렸던 풍운아 맹상군에게는 흰여우의 겨드랑이 털가죽으로 만든 귀한 겉옷이 있었다. 천금이나 나가는 천하의 보물이었다. 맹상군은 그 보물을 진나라 소왕에게 선물로 바쳤다.

　당시 맹상군은 제나라 왕의 강압에 못 이겨 초강대국이던 진나라에 사신으로 갔다가 억류된 신세였다. 노심초사하며 빠져나갈 궁리를 하던 맹상군은 일단 소왕이 총애하는 첩에게 연줄을 댔다. 그런데 그 첩이 어찌 알았는지 하필이면 소왕에게 바친

흰여우털 옷을 요구했다. 난처해진 맹상군이 주변에 해법을 물었지만, 마땅한 방법을 찾지 못했다.

그런데 식객들 중 가장 보잘것없는 재주를 가진 자가 그 옷을 가져오겠노라 큰소리쳤다. 그날 밤 그는 진나라 궁궐로 들어가 정말로 흰여우털 옷을 갖고 왔다. 맹상군은 소왕의 첩에게 그것을 바쳤고, 첩은 소왕에게 맹상군을 놓아달라고 간청했다.

소왕은 애첩의 말대로 맹상군을 놓아주었다. 맹상군은 이름을 바꾸고 말을 달려 국경의 관문인 함곡관에 이르렀다. 하지만 소왕이 맹상군을 풀어준 것을 후회하고 사람을 보내 뒤쫓았다.

진나라 법에는 닭이 울어야 관문을 열고 사람을 내보내게 되어 있었다. 그런데 닭이 울려면 아직 이른 시각이었다. 모두들 안절부절못하고 있는데, 식객들 중 가장 말석에 있던 인물이 맹상군을 무사히 빠져나가게 하겠노라 말했다. 과연 맹상군은 털 끝 하나 다치지 않고 진나라를 탈출할 수 있었다.

두 명의 식객은 무슨 수로 옷을 훔치고 맹상군을 탈출시켰을까? 계명구도, 즉 두 사람에게는 각각 개 짖는 소리와 닭 울음소리를 흉내내는 재주가 있었다.

한 사람은 개 짖는 소리로 창고를 지키던 개를 유인함으로써 흰여우털 옷이 보관되던 진나라 궁궐의 창고에 들어갈 수 있었다. 또 한 사람은 닭 울음소리를 흉내내 다른 닭들이 따라 울게

인간의 길

함으로써 함곡관 문을 열게 했다.

두 사람은 평소 다른 식객들이 함께 자리하기를 꺼려하는 존재였다. 하지만 가장 중요한 순간 주변에서 하찮게 여기던 재주로 맹상군을 구했다.

공자는 군자불기(君子不器)라고 했다. 인재는 딱히 일정한 형태의 그릇이 아니며, 그런 그릇이어서도 안 된다는 뜻이리라. 공자가 말한 군자는 어떤 일이든, 어디에 담든 제 역할을 해내는 융통성 있는 인재를 가리킨다.

'굼벵이도 구르는 재주가 있다'는 속담처럼 사람이나 사물은 제각기 쓰일 데가 있고, 필요할 때가 있는 법이다. 타고난 자질이나 후천적인 능력은 사회적 여건과 제도, 어떤 능력이든 인정할 줄 아는 분위기가 뒷받침될 때 의미를 갖는다.

———————— 권75
〈맹상군열전〉

작은 갈등이
큰 손실을 초래한다

비량의 싸움

卑梁之釁
비 량 지 흔

　애들 싸움에 어른이 끼어들면 싸움은 이내 어른들 싸움으로 변질된다. 판이 커지고 내용 또한 폭력적으로 변한다.

　춘추시대 오나라 변경의 작은 마을 비량과 초나라 변경의 작은 마을 종리의 싸움도 처음에는 아주 사소한 일로 시작되었다. 여기서 비량지흔이란 고사성어가 나왔는데, '흔(釁)'은 '피를 바르다'는 뜻의 어려운 글자다. 비량 지방에서 시작된 사소한 다툼이 결국 서로 피를 보는 큰 싸움으로 변했다는 의미다. 대개 '비량의 싸움'으로 해석한다.

인간의 길

비량에 사는 아이들과 종리에 사는 아이들이 서로 뽕나무 잎을 차지하겠다며 싸움을 벌였다. 처음엔 두 집안의 싸움이었지만, 그 싸움으로 비량 마을의 일가가 죽임을 당했다. 이에 발끈한 비량의 대부가 병사를 보내 종리 마을을 공격했다.

급기야 이 소식은 초나라 왕의 귀에 들어갔다. 초나라 왕은 크게 화를 내며 비량을 완전히 짓밟아버렸다. 그러자 이번에는 오나라 왕이 대노했다. 그는 오나라와 원한 관계에 있는 초나라 태자 건의 모친이 거소에 살고 있다는 것을 핑계로 종리와 거소를 공격했다. 이로써 두 나라는 큰 피해를 보았다.

뽕나무 잎을 두고 아이들끼리 다투던 것이 전쟁으로 발전해, 두 마을은 물론 두 나라까지 큰 피해를 입었다는 얘기다.

작은 이익에 눈이 멀어 일을 크게 벌이거나 싸우는 경우가 종종 있다. 작은 이익은 누구에게나 보인다. 그러나 작은 이익 속에 숨어 있는 큰 손실은 아무나 보지 못한다. 그와 마찬가지로 작은 손해와 양보 속에 감춰진 큰 이익도 잘 보지 못한다.

일정한 크기의 파이를 여러 사람이 나누면 그 양은 줄어든다. 큰 파이를 가져가려면 파이 자체를 키워야 한다. 그런데 크기를 키울 생각은 하지 않은 채 파이를 조금이라도 더 가져가려고 안달하는 사람이 많다. 상생의 방법을 고민하기보다, 상대의 파이를 어떻게 빼앗을까에 집중하면 결국 뽕나무도 뽕나무 밭도 다 잃는 '비량지흔'이 되기 십상이다.

'비량지흔'은 우리 사회의 소모적 갈등이나 분쟁과 관련해 시사하는 바가 크다. 개인이나 기업은 물론 나라의 힘도 이런 갈등과 분쟁 때문에 침체를 면치 못하는 경우가 많다. 아울러 이 모든 문제의 근원에 인간의 탐욕이 자리잡고 있음을 정확히 인식해야 한다.

———— **권40**
〈초세가〉

인간의 길

극과 극은
통한다

묵고 묵어도 계속 쌓이다

陳陳相因
진 진 상 인

진나라에 이어 중국을 재통일한 한나라는 백성들이 생업에 집
중할 수 있도록 무리한 국책사업을 벌이지 않는 등 민생 안정
을 꾀했다. 억지로 일삼지 않고 다스린다는 무위이치(無爲
而治)를 앞세운 정책 기조는 반세기 이상 지속되었고, 한나라의
경제는 건국 70여 년 만에 안정을 되찾았다.

한나라 최고의 전성기였던 무제 때는 창고가 넘쳐나도록 떵
떵거리며 사는 백성이 많았다. '진진상인'이란 이렇듯 남아도
는 식량상태를 빗댄 성어다. 〈평준서〉에 묘사된 당시의 생활상

을 살펴보자.

　물로 인한 피해나 가뭄 같은 재앙을 만나지만 않으면 어느 집 백성을 막론하고 누구나 풍족했다. 서울이든 지방이든 각지의 곡식창고가 꽉 찼고, 정부의 창고에도 돈과 물자가 남아돌았다. 서울의 돈들은 겹겹이 쌓아올렸지만 하도 오래되어 동전 꾸러미를 꿰는 끈이 다 닳아 해어질 정도였다.
　정부의 쌀 창고인 태창에는 오래된 쌀가마가 묵고 묵어도 계속 쌓이고 넘쳐흘러 창고 밖에까지 쌓아두는 바람에 썩어서 먹을 수 없게 되기도 했다.

　이 무렵에는 법망이 느슨하고 백성은 부유했던 터라, 없는 사람을 부려 재화를 축적한 자들이 교만하기 짝이 없었다. 땅을 받은 황족이나 공경대부 등은 다투어 사치를 부렸고, 아랫사람은 분수를 모르고 윗사람의 집과 가마, 옷가지 등속을 흉내냈다.
　그런데 사마천은 이 대목 뒤에 사물이 번성하면 쇠퇴하고 때가 극에 이르면 바뀌는 것은 변화의 당연한 이치다(물성이쇠[物盛而衰] 시극이전[時極而轉])라는 말을 덧붙이며 묘한 여운을 남겼다. 그는 인간사와 사물에 내재된 흥망성쇠의 이치를 한 나라의 경제상황에 빗대어 '진진상인'이란 성어로 함축해 표현

　　　　　　　　　　　　　　　　　　인간의 길

했다. 성공과 실패는 돌고 도는데 사치를 부리면 부패하고, 부패하면 쇠락의 길을 걷는다. 즉, 흥 속에는 망의 단초가, 성 속에는 쇠의 단초가 도사리고 있다.

사마천의 분석과 진단은 역사가 사실로 입증했다. 무제는 축적된 부를 흉노와의 전쟁에 쏟아부었는데, 그로 인해 국가 재정이 파탄 지경에 이르렀다. 그러자 무제는 가혹한 관리들을 대거 기용해 상인과 백성을 쥐어짰다. 상인들은 파산했고, 백성은 가혹한 법망을 피하기 위해 수단과 방법을 가리지 않았다. 사마천은 이 때문에 백성이 사악해졌다고 혹평했다.

재물이 계속 쌓인다는 것은 부가 축적된다는 의미이다. 이는 동시에 재화가 유통되지 않는다는 신호이기도 하다. 이럴 때는 재화를 풀면서 만일의 상황에 대비해야 한다. 무엇이든 극에 달하면 반대쪽으로 움직이고, 극에 달했을 때 피해가 가장 큰 법이다. 피해를 줄이거나 최소화하는 방법은 극에 도달하기까지의 시간을 늦추면서 효과적인 대책을 마련하는 것인데, 이는 평소의 준비 내지 대비 수준에 달려 있다.

때로 '진진상인'은 낡은 습속을 그대로 물려받은 구태의연한 사고방식이나 행위를 지적할 때 사용되기도 한다.

——— 권30
〈평준서〉

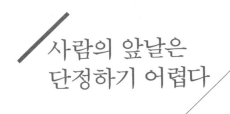

사람의 앞날은
단정하기 어렵다

죽은 재에 다시 불이 붙다

死灰復燃
사 회 부 연

한나라 초기, 양나라의 효왕은 천자인 형 경제 못지않은 권세를 휘두르며 안팎으로 물의를 일으켰다. 경제는 그런 효왕을 못마땅해했고, 결국 형제 사이가 벌어지고 말았다. 이때 두 사람의 화해를 이끌어낸 인물이 있었으니 그가 바로 한안국이다.

한안국은 대장공주(경제의 누님)를 찾아가 지난날 일곱 제후국이 반란(오초칠국의 난)을 일으켰을 때 오직 양나라만 황제를 위해 싸웠다고 말한다. 또한 황제였던 아버지와 형님에게 보고 배운 것이 그것뿐이라 효왕이 황제 버금가게 행동하는 것이며, 단

인간의 길

지 시골 백성과 다른 제후들에게 자신이 태후와 황제의 사랑을 받고 있음을 알리려 한 것이라고 눈물로 호소했다.

한안국의 말을 들은 대장공주는 그 이야기를 태후에게 전했다. 태후는 몹시 기뻐하며 그 사실을 다시 황제에게 전했다. 그 얘기를 들은 황제는 비로소 마음을 풀었다. 한안국은 그 공로를 인정받아 조정에 발탁되었다.

그런데 한안국이 어떤 일로 법을 어겨 죄를 짓는 사건이 벌어졌다. 이때 몽현의 옥리 전갑이란 자가 한안국에게 모욕을 주었다. 그러자 한안국이 "죽은 재라고 어찌 다시 불이 붙지 않겠는가?"라고 말하며 은근히 그를 압박했다. 전갑은 "다시 불이 붙는다면 내가 거기에 오줌을 누겠소"라며 한안국을 몰아붙였다.

얼마 지나지 않아 한안국은 고위관리로 복직되었다. 죽은 재에 다시 불이 붙은 것이다. 한안국을 모욕했던 옥리 전갑은 겁을 먹고 도망쳤다. 그러자 한안국은 "전갑이 직무에 복귀하지 않으면 일족을 모조리 죽여버리겠다!"고 협박했다.

그 말을 들은 전갑은 자신의 잘못을 시인하는 표시로 '어깨를 드러낸 채(왼쪽 어깨를 드러내서 좌단[左袒]이라 한다)' 한안국을 찾아가 사죄했다.

그러자 한안국이 껄껄 웃으며 말했다.

"오줌을 누어라. 내가 너 같은 무리와 더불어 지난날을 따질 수 있겠는가?"

《사기》에는 수많은 인간 군상의 행적이 생동감 넘치게 묘사되어 있다. 그것을 통해 얻는 지혜는 값으로 따질 수 없을 만큼 귀중하다.

그런가 하면 한안국의 일화처럼 빙그레 미소 짓게 하는 가벼운 대목 역시 적지 않다. 어깨를 드러내고 찾아온 옥리 전갑의 화통한 사죄도, 한안국의 호방한 포용력도 인상적이다.

그런 점에서 보면 한안국의 '죽은 재에 다시 불이 붙으면 어떻게 할 것이냐'는 압박이나 '다시 불이 붙으면 오줌을 누겠다'는 전갑의 응수가 다 유머로 읽힌다. 《사기》를 읽으며 삶의 지혜를 얻는다고 말하는 이유가 바로 이런 매력 때문이다.

_____ **권108**
〈한장유열전〉

　　　　　　　　　　　　　　인간의 길

세상에
완벽한 것은 없다

석 장의 기와를 빼놓다

不成三瓦
불 성 삼 와

춘추시대 송나라 원왕 때의 일이다. 하루는 원왕의 꿈에 한 남자가 나타났다. 긴 목에 머리가 길쭉한 그는 수가 놓인 검정색 옷을 입고 휘장을 두른 수레를 타고 있었다. 그는 원왕에게 "장강 신의 신하인데 황하의 신에게 사신으로 가던 도중 천양의 예저란 자가 친 그물에 걸려 가지 못하게 되었다. 왕께서 덕과 의리가 있다는 이야기를 듣고 이리 찾아왔으니 자신을 구해달라"고 청했다.

꿈에서 깬 원왕은 재상 위평을 불러 이것이 도대체 무슨 꿈이냐고 물었다. 점을 쳐본 위평은 장강의 사자인 거북이 잡혀 있으니 어서 천양으로 사람을 보내 거북을 구해야 한다고 말했다. 왕은 곧바로 천양에 사자를 보내 예저라는 자를 찾게 했다. 과연 어젯밤에 고기를 잡으러 나간 그가 거북 한 마리를 잡아온 상태였다.

사자는 그 거북을 갖고 왕에게 돌아갔다. 거북을 본 원왕은 그 신묘함에 놀라움을 표하며 이곳에 오래둘 수 없으니 어서 강으로 돌려보내라고 말했다.

하지만 옆에 있던 위평이 반대했다. 그는 천하의 보배인 거북을 이대로 보낸다면 장강과 황하의 신이 노해 화를 입을 것이지만, 그것을 취해 점을 치면 열 번 물어 열 번 모두 알아맞힐 것이며, 열 번 싸우면 열 번 모두 이겨 큰 복이 될 것이라고 했다.

원왕은 그 거북을 취한다면 예저와 다를 것이 무엇이냐며, 현군은 남의 것을 강탈하지 않는다는 논리로 기어이 보내려 했다. 하지만 위평의 끈질긴 설득에 원왕은 결국 거북을 취하기로 했다.

원왕이 예를 갖춰 거북으로 점을 치니 결과가 모두 적중하고, 전투에서 반드시 승리했다.

후에 누군가가 "거북은 지극히 신령해서 원왕의 꿈에 현몽할 수는 있었으나 어부의 그물을 벗어날 수는 없었다. 열 번 말해 모두 적중시킬 수는 있었으나 황하의 신에게 사신으로 갔다가 장강의 신에게로 돌아가 복명할 수는 없었다. 대단히 현명하여 싸우면 이기고 공격하면 쟁취하게 했으나 자신의 몸을 칼날에

도려지는 괴로움으로부터 면하게 할 수는 없었다"고 말했다.

사마천은 이 이야기를 기록으로 남긴 뒤 다음과 같이 덧붙였다.

황금에도 흠이 있고 백옥에도 티가 있다. 일에는 서둘러야 할 것이 있고 천천히 할 것이 있으며, 물건에는 걸리는 것이 있고 또 의지하는 것이 있다. 그물에는 촘촘한 것이 있는가 하면 성긴 것도 있다. 사람에게는 귀하게 여길 것이 있는가 하면 그렇지 못한 것도 있다. 어찌 한결같이 딱 맞아떨어질 수 있으며 물건이 모두 완전할 수 있겠는가? 하늘조차도 완전하지 못하거늘.

그러므로 세상에 집을 짓되 기와 석 장을 빼놓은 채 덮어서 완전치 못한 하늘에 응수한다. 천하에는 계급이 있고 물건은 완전치 못한 채로 세상에 나온다. 신령스런 거북도 완전치는 못한 것이다.

불성삼와라는 다분히 철학적인 명언이 여기서 나온다. 무릇 완벽한 일과 사물이란 있을 수 없다는, 평범하면서도 음미할수록 깊은 맛이 나는 말이다.

──────── **권129**
〈귀책열전〉

사마천 다이어리북 366

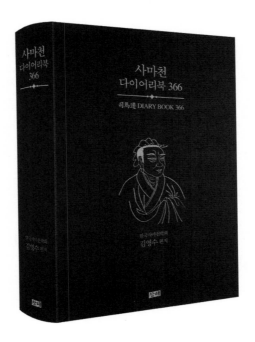

* 신국판 / 고급양장 / 전면원색 / 672쪽 / 값 30,000원

《사마천 다이어리북 366》은
영구적으로 사용할 수 있는 만년달력!

- 이 다이어리북은 '만세력(萬歲曆)'이자

'사마천 경전(經典)' 같은 책

《사마천 다이어리북 366》은 영구적으로 사용할 수 있는 달력입니다. 매년 날짜와 요일이 바뀌는 공휴일, 기념일, 24절기 등은 표기하지 않아 언제든지 사용할 수 있게 했습니다. 개인 일정은 물론 명언명구를 쓸 수 있는 공간을 매일 한 장씩 두어 직접 써볼 수 있게 구성했습니다.

또한, 명언명구들 외에 사마천의 생애와 《사기》에 대한 상세한 소개를 비롯하여 사마천이 남긴 만고의 명문 〈보임안서(報任安書)〉, 국내에 출간된 사마천과 《사기》에 관한 참고도서, 중국사 연표, 중국 지도 등 다양한 부록을 마련하여 달력의 용도뿐 아니라 한 권의 책으로 읽기에도 손색이 없습니다.

- 〈머리말〉 중에서

리더의 역사 공부

역사책을 읽는 자가 성공한다!

역사는 현재를 비추는 거울이고, 미래의 길을 제시하는 나침반이다.
과거 속에 미래가 있다!

시대를 이끌고 있는 리더와 앞으로 리더가 될 분들을 위한
훌륭한 역사 공부 지침서!

* 신국판 / 2도 인쇄 / 352쪽 / 값 18,000원

리더의 망치

리더 · 인재 · 조직을 단단하게 만드는 20개의 망치

역사에서 배우는 리더십 20단계의 현대적 해석!

리더는 누리는 자가 아니라 헌신하고 봉사하는 자이다.
리더가 되려면 고통과 고난을 각오해야 한다.
리더는 쇠를 두드리는 망치다.
쇠를 두드리려면 망치가 단단하지 않으면 안 된다.
그렇기 때문에 리더는 단련되어 나와야 하는 존재다.

* 신국판 / 2도 인쇄 / 432쪽 / 값 19,800원

새우와 고래가 숨 쉬는 바다

인간의 길
-나를 바로세우는 사마천의 문장들

지은이 | 김영수
펴낸이 | 황인원
펴낸곳 | 도서출판 창해

신고번호 | 제2019-000317호

초판 발행 | 2018년 06월 29일

개정판 1쇄 인쇄 | 2021년 10월 22일
개정판 1쇄 발행 | 2021년 10월 29일

우편번호 | 04037
주소 | 서울특별시 마포구 양화로 59, 601호(서교동)
전화 | (02)322-3333(代)
팩스 | (02)333-5678
E-mail | dachawon@daum.net

ISBN 979-11-91215-25-0 (03320)

값 · 15,000원

Publishing Club Dachawon(多次元)
창해 · 다차원북스 · 나마스테